人力资本与城市经济增长

——户籍制度对中国城市经济增长影响研究

白联磊·著

吉林出版集团股份有限公司

图书在版编目（CIP）数据

人力资本与城市经济增长：户籍制度对中国城市经济增长影响研究 / 白联磊著. -- 长春：吉林出版集团股份有限公司，2015.12（2025.7重印）

ISBN 978-7-5534-9795-2

Ⅰ.①人… Ⅱ.①白… Ⅲ.①户籍制度—影响—城市经济—经济增长—研究—中国 Ⅳ.①D631.42②F299.2

中国版本图书馆 CIP 数据核字(2016)第 006895 号

人力资本与城市经济增长——户籍制度对中国城市经济增长影响研究
RENLI ZIBEN YU CHENGSHI JINGJI ZENGZHANG——HUJI ZHIDU DUI ZHONGGUO CHENGSHI JINGJI ZENGZHANG YINGXIANG YANJIU

著　　者：	白联磊
责任编辑：	矫黎晗
封面设计：	韩枫工作室
出　　版：	吉林出版集团股份有限公司
发　　行：	吉林出版集团社科图书有限公司
电　　话：	0431-86012746
印　　刷：	三河市佳星印装有限公司
开　　本：	710mm×1000mm　1/16
字　　数：	153 千字
印　　张：	13.25
版　　次：	2016 年 4 月第 1 版
印　　次：	2025 年 7 月第 3 次印刷
书　　号：	ISBN 978-7-5534-9795-2
定　　价：	56.00 元

如发现印装质量问题，影响阅读，请与印刷厂联系调换。

序　言

　　城市化的本质是人的城市化。新中国成立以来，中国特色的户籍制度扮演了城市化控制阀的角色。1958年颁布的《户口登记条例》，根据地域和家庭成员关系明确将城乡居民划分为农业户口和非农业户口，并对城乡人口流动实行严格限制和政府管制。随后，又逐步将涉及诸如就业、教育、住房、医疗、社会保障等与公民切身利益相关的诸多福利权益与户口紧密联系起来，由此形成了中国特色的城乡二元户籍制度。这种二元户籍制度不仅削弱了城乡人口迁移和生产要素自由流动，遏制了消费市场发育，阻碍了城市化进程，而且造成了严重的城乡分割，进一步强化和固化了城乡二元结构，加剧了城乡不平等关系。

　　针对城乡二元户籍制度的诸多弊端，1978年以来，中央和地方政府在户籍制度改革方面进行了积极探索。在中央层面，改革开放初期，为适应人口流动形势的变化，国家采取措施放宽了人口迁移的政策限制。进入21世纪，国家明确提出改变城乡二元体制、统筹城乡发展的政策思路，要求加快户籍制度改革。2001年3月，国务院批转公安部《关于推进小城镇户籍管理制度改革的意见》，小城镇户籍制度改革得到全面推进。此后，尽管国家鼓励各地根据实际情况调整户籍政策，但针对大中城市的全国性制度改革较为滞后,这种状况直到最近才有所改变。2011年2月,国务院办公厅颁布了《关于积极稳妥推进户籍管理制度改革的通知》,提出"全面放开建制镇和小城市落户限制,有序放开中等城市落户限制,合理确定大城市落户条件,严格控制特大城市人口规模"。2014年7月,国务院又出台了《关于进一步推进户籍制度改革的意见》,提出按照规范有序、尊重意愿、区别对待、统筹配套的原则,促进城市常住人口有序实现市民化。在地方层面,近年来一些省份如浙江、四川、广东、河北、江苏等,以及大中城市如郑州、重庆、成都、广州等纷纷出台户籍制度改革方案,对地方性户籍制度改革进行了积极有效的探索,其中郑州、成都、重庆、上海、广州等典型城市形成了具有代表性的户籍制度改革模式,在我国户籍制度改革中扮演了"探路者"角色。

城乡二元户籍制度对经济社会的影响引起了学术界的广泛关注和热烈讨论。总体上看,目前学术界主要从六个方面来探讨户籍制度的影响,包括户籍制度对人口迁移的影响、对流动人口就业的影响、对流动人口收入的影响、对城市人力资本积累的影响、对城市公共产品分配的影响以及户籍制度改革与土地改革的相互关系。然而,至今为止,学术界对户籍制度对城市增长的影响研究仍较为薄弱。一方面,探讨该问题的研究数量较少;另一方面,已有的研究对二者关系的理论探讨仍有较大的改进空间。户籍制度所具有的经济内涵,决定了户籍制度改革与城市增长之间具有必然联系。深入剖析户籍制度对城市增长的影响,无论对推动城市增长理论创新还是对促进城市化进程、提高城市化质量都具有重要意义。

本书作为白联磊的博士论文成果,是理论研究和经验研究相结合的学术作品。首先,作者非常重视中国户籍制度改革的历史背景和实践经验。他详细梳理了中国户籍制度的发展历程以及新世纪以来户籍制度改革的中央和地方实践，并以此作为理论探讨的经验依据。其次，作者尊重前人的研究成果，并试图做出自己的贡献。他努力运用现代经济学分析工具，构建了户籍制度通过收入不平等和人力资本筛选两条路径影响城市增长的机制，在户籍制度和城市增长之间架起了理论桥梁。另外，作者还将城市竞争纳入分析框架，探讨城市竞争因素对城市户籍政策调整可能存在的影响。基于上述理论分析的实证研究则对不同类型城市的户籍政策调整提供了政策参考。

白联磊在本科和硕士研究生期间研习国际政治学，并未接受系统的经济学和高等数学的训练，但是进入博士阶段后不仅很快适应经济学的研究套路，而且迅速掌握了必要的数学工具。这种快速学习的能力既得益于他对新学科、新知识的强烈好奇心，也离不开平时刻苦而执着的钻研。本书是作者在博士论文基础上完成的，尽管还存在这样或那样的不足，但瑕不掩瑜，相信这项研究会对中国城市化理论与政策产生积极的影响。白联磊在博士毕业后并没有继续从事经济学研究，而是进入我国著名外交智库"中国国际问题研究院"，从事中国对外经济战略等方面的研究。这与他的跨学科背景非常契合，作为白联磊的博士生导师，我感到非常欣慰。我相信他在国际政治和经济学两个领域的学术积累一定能够帮助他胜任当前的工作。同时我也希望他能够利用熟悉中国经济的优势，将我国对外经济战略和国内经济状况结合考虑，做出更多有益于国家和人民的高质量研究成果。

中国社会科学院农村发展研究所所长、研究员　魏后凯
2015 年 12 月 28 日

前　言

户籍制度是农民工市民化的主要制度障碍，户籍制度之所以广受诟病是因为其内在的歧视性。户籍制度作为我国社会主义生产关系的一部分，已经逐渐落后于生产力的发展，对生产力产生负面作用。改革开放以来，我国户籍制度进入改革时期，主要特征是逐渐放松户籍制度对人口迁移的控制，逐步剥离附着在城镇户籍之上的福利项目。改革开放以来的户籍制度改革分为两个阶段，2001 年以前以中小城市和小城镇为主，2001 年之后则进入分类改革和全面推进阶段，大城市成为分类改革的难点和重点。从地方实践看，我国户籍制度改革的地方探索已经产生积极成效，为我国未来的户籍制度改革积累了宝贵经验，但是发达地区和大城市的户籍制度改革仍然面临诸多困难。

当前，学术界关于户籍制度改革的讨论非常丰富，但是对户籍歧视与城市经济增长关系的研究较为薄弱。一方面，探讨该问题的文献较为少见；另一方面，已有的少数文献对二者关系的理论探讨仍然有较大的改进空间。主要表现在：第一，对户籍歧视的经济内涵挖掘得不够充分，如城市落户政策对人力资本的偏重、基于户籍的歧视性公共福利分配等往往被遗漏；第二，户籍歧视产生的空间特征，如城市人口规模效益等容易被研究者忽视。

本书尝试弥补既有文献的若干不足之处，构建了包含人力资本筛选机制和收入不平等机制在内的户籍歧视影响城市经济增长的分析框架，同时在分析过程中考虑了城市人口规模收益和拥挤效应等因素。本书的理论分析部分讨论了户籍歧视对城市经济增长的影响。对城市经济稳态增长路径的分析表明，相对于无户籍差异的情形，户籍差异导致的收入不平等将提高均衡的城市物质资本存量和户籍居民消费水平，人力资本吸纳机制将提高城市总体产出水平，这成为户籍制度改革推进缓慢的经济根源。同时，理论分析也表明，歧视性的户籍政策存在由强到弱直至消失的内生变迁过程。双城市模型的讨论则表明，劳动力供给趋紧将成为深化户籍制度改革的重要背景，此时，城市竞争的存在将促进户籍歧视政策的退出，经济发达的中小城市将能够在农业转移人口市民化过程中获得城市竞争优势。

本书的实证研究发现，我国地级以上城市总体的户籍歧视程度呈逐年增强的趋势，且东部地区户籍歧视程度的提高速度最快。城市户籍歧视程度与经济发展水平、城市行政级别成正相关关系，且与地理位置高度相关。户籍歧视对省会及以上级别城市的经济增长具有显著的负面影响，且影响力度超过普通地级市的两倍。基于理论和实证研究结论，本书认为未来我国户籍制度改革的重心应向东部地区转移，尤其要关注省会及以上大城市的户籍改革；在城市发展中应逐步剥离户籍制度的人才筛选功能和福利分配功能，同时努力提高对农业转移人口的教育投入。

目 录

第一章 导论 ………………………………………………… 1
 一、提出问题 ………………………………………………… 1
 二、相关概念 ………………………………………………… 6
 三、研究方法 ………………………………………………… 8
 四、研究框架 ………………………………………………… 10
 五、创新与不足 ……………………………………………… 13

第二章 文献综述 …………………………………………… 16
 一、户籍制度改革研究综述 ………………………………… 16
 二、户籍制度的经济内涵研究 ……………………………… 23
 三、城市经济增长的影响因素研究 ………………………… 37
 四、不足与展望 ……………………………………………… 46
 五、本章小结 ………………………………………………… 47

第三章 我国户籍制度的变迁历程 ………………………… 49
 一、我国户籍制度的形成 …………………………………… 49
 二、改革开放以来的户籍制度改革 ………………………… 60
 三、户籍制度改革的地方实践 ……………………………… 68
 四、本章小结 ………………………………………………… 83

第四章　户籍歧视影响城市经济增长的理论分析 ……… 86
一、经济机理分析 ……………………………………… 87
二、理论分析的起点：城市化中的户籍制度 ………… 90
三、户籍歧视与城市经济增长：单城市模型 ………… 95
四、户籍歧视与城市经济增长：两城市模型 ………… 105
五、本章小结 …………………………………………… 115

第五章　我国城市户籍歧视与经济增长的特征事实 ……… 117
一、我国城市户籍歧视的特征事实 …………………… 118
二、我国城市经济增长的特征事实 …………………… 124
三、城市户籍歧视与经济增长的关联性 ……………… 135
四、本章小结 …………………………………………… 141

第六章　户籍歧视对城市经济增长影响的计量检验 ……… 143
一、引　言 ……………………………………………… 143
二、模型设计 …………………………………………… 145
三、模型分析 …………………………………………… 147
四、本章小结 …………………………………………… 163

第七章　结论与政策建议 …………………………………… 165
一、研究结论与展望 …………………………………… 165
二、政策建议 …………………………………………… 168

附　录 ………………………………………………………… 171
一、户籍政策相关文件 ………………………………… 171
二、全国地级市（市辖区）户籍歧视程度 …………… 176

参考文献 ……………………………………………………… 190
后　记 ………………………………………………………… 199

第一章 导 论

本章包括五个部分，分别介绍本书选题的背景及基本分析思路、重点探讨和使用的核心概念、研究方法、研究框架和技术路线，以及本书的主要创新点和不足之处。

一、提出问题

户籍制度是农民工市民化的主要制度障碍，户籍制度之所以广受诟病是因为其内在的歧视性，包括歧视性公共福利供给制度，以及由此衍生出的就业歧视、教育歧视等。它与"以人为本"的科学发展理念相违背，与平等公正的社会发展目标相冲突，与要求劳动力自由流动的社会主义市场经济背道而驰。十八大报告提出要"加快改革户籍制度，有序推进农业转移人口市民化，努力实现城镇基本公共服务常住人口全覆盖"。户籍制度之所以广受诟病是因为户籍制度违背了马克思主义哲学对生产力与生产关系的经典论断。从当前我国经济发展的现实来看，社会主义市场经济制度已经基本建立，而诞生于计划经济时代的户籍制度仍然继续存在，造成农民工市民化严重滞后于人口城镇化。大量从事非农产业的农民工在子女教育、社会保障、保障性住房供给等方面难以获得和城市居民同等的待遇，成为我国继续挖掘人口红利的制度障碍（陶然等，2011）。各方面的歧视性待遇压低了农民工的实际收入，增加了农民工未来预期的不确定性，抑制了农民工的消费潜力，最终削弱了城镇化对内需的拉动作用。市民身份的缺失还加剧了农民工与所在城市的疏离感，成为社会不稳定因素的重要来源。显然，户籍制度作为我国社会主义生产关系的一部分，已经逐渐落后于生产力的发展，正在对生产力产生负面影响。从生产力与生产关系的辩证关系出发，只有根据我国经济发展的需要，逐渐调整户籍制度的内涵，才能使之真正适应并促进我国社会主义生产力的发展。

户籍制度改革的本质是调整生产关系，目的是进一步解放和发展生产力。十八届三中全会提出要"以经济建设为中心，发挥经济体制改革牵引作用，推动生产关系同生产力、上层建筑同经济基础相适应，推动经济社会持续健康发展"。新中国成立以来我国建设社会主义的经验表明，生产关系滞后于生产力会给生产力拖后腿；生产关系超前于经济发展实际，同样会对经济发展造成巨大伤害。因此，作为调整生产关系的重要一环，改革户籍制度同样需要把握适度原则。所谓"适度"，一是调整幅度应该与经济发展和城镇化的要求相适应，与相关领域的改革同步配合，既不能像"小脚女人"迈不开步子，打不开局面，又不能力度过猛，对经济发展和城镇化造成伤害，也不能在缺乏配套措施的情况下单兵突进，换汤不换药，治标不治本；二是调整节奏应该与我国经济发展速度、其他领域的改革进度相适应，与我国人口状况相协调，调整节奏过快可能会导致城市不堪重负，影响经济发展速度和社会和谐度，最终影响城镇化的可持续性，调整节奏过慢则可能令既有的户籍改革难题积重难返，对城市发展和我国整体经济结构调整和长远经济发展造成重大伤害；三是调整方案应该与市情、省情相适应，与地方经济发展状况、政府财政能力、城市人口压力等具体情况相协调，脱离实际情况的改革不仅不能实现预定目标，而且有可能对经济发展和社会民生造成进一步伤害。十八届三中全会提出"坚持稳中求进的工作总基调，着力稳增长、调结构、促改革"，意味着制度变革必须在保证经济发展速度的基础上进行，户籍制度改革的节奏和步骤同样需要在保证经济发展速度的基础上有序推进。

尽管户籍制度改革并非单纯的经济命题，但是户籍制度却能够影响城市经济增长。由于户籍制度改革与城市经济增长的相互作用关系，我们在确定户籍制度改革方案时必须考虑它可能产生的各种影响。只有在户籍制度改革的过程中持续释放改革红利，实现经济稳定持续增长，社会和谐发展，才能为进一步的改革提供经济基础和前进动力，实现以改革促发展，以发展带改革的良性循环。

但是，在当前有关户籍制度的研究中，关于户籍制度与城市经济增长关系的研究还比较少见。这一方面不利于我们更深入地认识户籍制度变迁的经济内涵，另一方面也不利于我们充分认识户籍制度改革对当前经济发展，尤其是城市经济增长的影响。而后者则是我们进一步推进改革的物质基础。显然，只有有效评估户籍制度对经济增长的影响，我们才能科学地决定户籍制度的改革力度、改革步骤、改革节奏以及改革内容，才能实现户籍制度改革与经济增长的良性互动。

户籍制度设置的初衷是阻止人口从农村向城市，从小城市向大城市的迁移。因此，户籍制度是由中央政府主导制定的全国性制度系统，其改革的主导权也由中央政府掌握。但是，1994年实施分税制以来，与户籍相关的城市福利几乎完全由地方政府负担，而户籍制度改革的主要内容就是实现户籍人口与非户籍人口的公共福利均等化，这意味着户籍制度的改革成本将主要由地方政府负担。因此，财政分权之后，我国户籍制度改革的实际主导权逐渐由中央政府转移到了地方政府。对地方政府而言，非农产业是经济增长的主要来源，地方政府往往采取城市倾向的经济政策推动经济增长。而在户籍限制方面，从乡城移民的限制程度到附着在户籍之上的城市福利供给，同样都是城市倾向政策的具体表现。从政策制定的角度看，户籍制度改革本质上是对这种城市倾向经济政策的突破。从行政体制的角度看，由于我国广泛实行的市管县体制，从落户门槛、户籍相关的公共福利到外来人口的福利水平和福利范围，户籍制度改革的各项内容，基本都由城市政府决定。因此事实上的户籍制度改革的主导权在城市政府手中。

城市政府同其他地方政府一样，拥有自身的政策偏好。在我国的政治体系中，经济增长绩效是决定官员晋升的关键指标，这成为促进地方经济增长的关键因素（周黎安，2007）。因此，在探讨户籍制度改革问题时，需要明确两点认识，第一，户籍制度改革任务的主要承担者和执行者是城市政府；第二，保持较高速度的经济增长仍然是城市政府主要关心的问题。基于这两点认识，我们认为，在户籍制度改革的过程中，需要赋予城市政府改革激励。而对城市政府而言，最大的改革激励就是户籍制度改革能够促进城市发展，为政府赢得政绩。这意味着，户籍制度改革不仅不能妨碍城市经济增长，甚至应该促进城市经济发展，同时还要避免城市规模过度扩张。那么户籍制度改革能够实现这些目标吗？

户籍制度并非单纯的经济制度，而是包含福利分配、社会身份、政治权利、经济权利在内的复杂制度系统（楚德江，2013），因此，当我们探讨户籍制度改革的影响时，需要知道户籍制度是通过哪些因素与经济增长和人口扩张产生联系的。

首先，随着户籍制度改革的推进，附着在城市户籍上的福利正在日趋减少，但是，至少在义务教育、保障性住房、社会保障三个方面，绝大多数城市的非户籍居民仍然难以享受与城市户籍居民同等的权益。① 这意味着，他们在和户籍居民同等工作和纳税时，却不能同等地享受来自政府的相关服务，从而变相压低了他们的实际收入。换言之，户籍制度内含了一个收入不平等的政策机制。其次，公共福利供给与户籍挂钩意味着户籍人口扩容将增加政府的开支压力。因此，城市政府往往通过设立落户门槛控制户籍人口增长，以阻止公共开支过快上涨。落户门槛是农民工市民化落后于城镇化的关键原因，从而形成"要人手不要人口"的特殊现象。而在落户门槛的项目设置中，主要内容便是对申请入籍者的个人素质要求，从而形成"要人才不要人口"的现象（参见第二章）。因此，户籍制度实际上扮演了人力资本筛选机制的角色。由此我们明确了，户籍制度发挥着导致收入不平等和人力资本筛选两种经济功能。而收入差异和人力资本都是影响经济增长的重要因素。因此，户籍制度能够通过收入不平等和人力资本筛选影响城市经济增长。

至此，我们可以得到本书主题的基本轮廓，即户籍制度通过

---

① 事实上，除了这三个方面的福利差别外，与户籍相关的就业歧视、工资歧视等隐性歧视仍然大量存在。

收入不平等机制和人力资本筛选机制对城市经济增长产生影响；户籍制度的歧视性对城市经济增长的影响将形成城市政府的改革激励，从而影响未来的户籍制度改革。因此，探讨户籍制度歧视性对城市经济增长的影响将有助于评估城市政府的改革激励，为改革方案的确定提供参考。

二、相关概念

本书研究的主题是户籍歧视对城市经济增长的影响。为了保证全文分析逻辑的连贯一致，本节将集中介绍正文所涉及的一些重要概念。这些概念包括户籍、户籍歧视、城市经济增长等，辨析和确定这些概念的具体内涵有助于我们更深刻地理解本书所论述的相关主题。与上述概念相关的城市规模收益、拥挤成本、人力资本等概念则在正文给予论述。

（一）户籍

户籍是政府进行人口统计和管理的重要方式。根据社会发展阶段、社会结构及经济结构的不同，户籍制度所附带的功能存在较大差异。但是无一例外的是，户籍最基本的功能仍然是人口管理和统计。

本书所探讨的户籍特指我国计划经济时代形成的城乡二元结构下的城乡户籍。在计划经济时代，我国的城市户籍除了具有最基本的人口统计和管理功能外，还附加了治安管理、就业和社会保障、口粮供应等多种制度价值，在相当长的时期内，拥有城市户口成为在城市生存的必要条件。改革开放以来，我国户籍政策开始进行渐进性调整，原来由政府大包大揽的福利供给、就业保障等开始逐渐由市场供给，户籍所附加的各种福利被逐渐剥离。尽管如此，我国当前的户籍体系仍然具有明显的城乡二元特征。

（二）户籍歧视

基于户籍差异的歧视性福利和就业待遇是当前户籍制度饱受诟病的重要原因。户籍歧视主要包括两个方面，第一，根据户籍持有者的户籍特征（城市户籍、农村户籍、本地户籍、外地户籍）进行差异性的就业、入学、医疗、社保等公共服务供给；第二，在外来人口落户的过程中，根据落户申请者的个人素质进行筛选，具有歧视弱势人群的特征。

户籍歧视同时具有人口调控和人才筛选两种作用，其主要作用空间既在城乡之间，又在城市内部。在市场经济时代，户籍歧视的人才筛选特征更加凸显。户籍政策调整使落户原则由指标控制变为条件限制。外来劳动力充裕的东部大城市，普遍以劳动力素质作为落户门槛的主要内容，其目的是通过具有较高含金量的城市户口吸引优秀人才，实现政府支出的效益最大化。如果说收入不平等机制是户籍歧视的副产品，那么人才筛选功能则是城市政府有意为之，甚至希望充分发挥户籍制度的这一功能。

城市流动人口的大量增加意味着户籍制度的作用空间正在由城乡之间转向城市内部。这个判断进一步将户籍制度定位为城市主导的制度系统。从而使户籍制度从功能到执行主体都归属于城市。本书中的户籍歧视主要指城市政府制定的基于关于户籍的歧视性政策以及城市户口所附带的歧视性福利供给的集合。

(三) 城市经济增长

城市经济增长是指经济要素在空间聚集引起的城市空间内的经济产出增长情况。传统西方经济学认为经济增长的主要影响因素是投入要素和全要素生产率。投入要素包括劳动力和物质资本投入。内生增长理论认为人力资本是经济实现内生增长的重要因素，它能够有效提高全要素生产率。因此城市经济增长同时受到劳动力数量、劳动力质量、物质资本投入和全要素生产率的影响。

空间经济学将集聚经济引入经济学研究，认为城市规模是影响经济增长的又一重要变量。在城市的发展过程中，不同发展程度对应着不同的最优城市规模。当城市规模小于最优规模时，往往存在基础设施利用率低、集聚经济不强等问题；当城市规模超过最优规模时，则会造成拥挤成本急剧提高，带来过高的非生产性消耗。因此，城市规模直接影响城市经济增长。

基于上述探讨，本书第四章将城市规模经济、拥挤成本、人口数量、人力资本水平、物质资本存量等经济变量纳入统一的理论分析框架，并重点考察户籍歧视通过影响人口数量和人口素质对城市经济增长产生的影响。

三、研究方法

针对不同的研究内容，本书将分别使用历史文献分析法、定量评价方法、数理演绎方法和计量分析方法开展相关研究。

历史文献方法。使用历史文献梳理方法回顾我国户籍制度变迁历程，剖析户籍制度的功能及变迁过程，探讨户籍制度变迁的经济背景和发展趋势，为理论分析和政策建议提供事实基础。

定量评价方法。基于丰富面板数据的定量分析将有助于总结我国城市户籍歧视的城市差异、区域差异和城市类型差异。通过观察城市经济增长与户籍歧视的协同变迁，将有助于总结户籍歧视程度与城市经济增长关联度的若干特征事实。这些特征事实将有助于为理论和计量分析提供经验支持。

数理演绎方法。本书将建立基于静态最优化和动态最优化方法的数理模型，分别分析户籍歧视对城市规模和经济增长的影响。基于静态最优化方法的城市人口规模模型将揭示户籍歧视对单城市情形下城市人口规模和两城市竞争情形下城市经济增长的作用机制；基于动态最优化方法的城市经济增长模型将推演出城市经济稳态增长的鞍点路径和稳态均衡点，根据户籍歧视存在与否，城市经济增长的相位图将呈现两条不同的鞍点路径，稳态均衡点的差异将揭示户籍制度对城市经济增长的影响性质。

计量分析方法。数理演绎方法揭示了假定条件下户籍制度对城市人口规模和经济增长的影响，但是仍然缺乏实际数据的检验。基于我国城市面板数据的计量分析将有助于揭示户籍歧视对城市经济增长的影响，以及户籍歧视与影响城市经济增长的其他因素的相互关系。同时，基于不同数据组的计量检验将表明户籍因素在不同区域和不同类型城市所发挥的经济增长效应具有显著差异。

四、研究框架

(一) 主体内容

本书的主体内容分为五个部分：文献综述、背景描述、理论分析、实证研究和结论与政策建议。

文献综述部分从户籍制度的功能与弊端、户籍制度改革的研究现状、户籍制度相关专题三个方面对现有研究文献进行回顾和评论，最后根据既有研究的特点和不足，指出未来可以进一步研究的领域和方向。

背景描述部分总结我国户籍制度从建立到强化再到逐步改革的具体过程，结合我国经济体制和市场发育状况分析户籍制度变迁的经济因素，同时总结了当前地方户籍制度改革的若干典型模式。背景梳理将有助于提出有针对性的政策建议。

理论分析部分包括四部分：(1)建立户籍歧视影响城市经济增长的机理框架，在此基础上分析各要素之间的相互作用关系。这个机理框架将作为建模路线图，指导后面的理论分析。(2)在一个简单的城乡二元结构下分析户籍制度对城市化进程及城市经济效率的影响，并证明在城市化的不同阶段，基于户籍的人口迁移调控政策需要进行相应调整。(3)基于动态最优化和比较静态方法，分析户籍制度存在与否两种情况下的公共福利差异和人力资本偏向对城市经济增长效率的影响。(4)基于静态最优化方法分析了存在城市竞争的情形下，调整落户限制政策对城市经济的一系列影响。

实证部分包括现状描述和计量分析，主要探讨户籍歧视对城市经济增长的影响。现状描述包括：（1）使用城市面板数据对我国当前的城市户籍歧视程度进行定量评价；（2）结合我国城市经济增长的具体指标，总结我国户籍歧视与城市经济增长关联性的若干特征事实。计量分析部分通过建立计量模型分析户籍歧视程度对城市经济增长的直接影响，以及户籍歧视通过人力资本、人口规模对城市经济增长的间接影响。基于城市和区域类型进行数据分组和计量回归后得出的结论将揭示户籍歧视对城市经济增长的影响所具有的区域差异和城市差异。

结论与政策建议部分首先总结本书的主要论点、结论和创新之处，然后根据理论和实证分析中的相关研究结论提出具有针对性的户籍制度改革建议，为我国未来的户籍制度改革和城市建设提供参考。

（二）技术路线

本书的技术路线如图1-1所示。

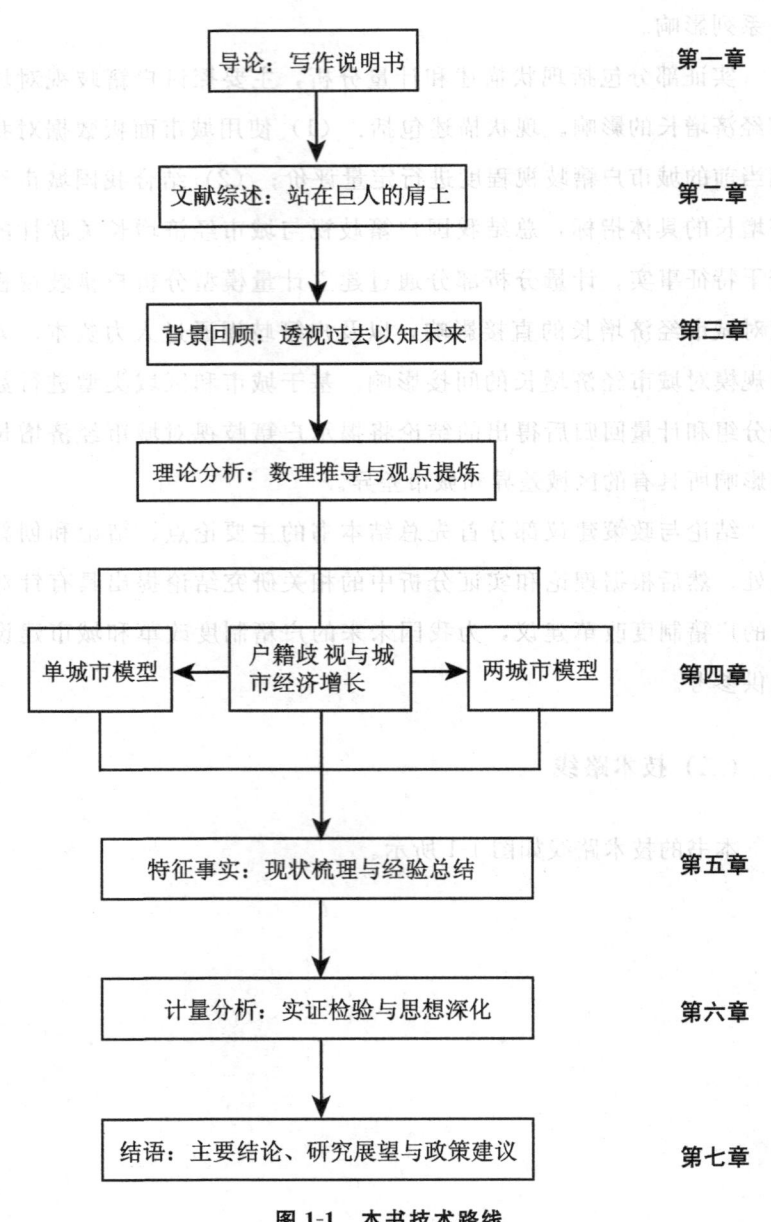

图 1-1 本书技术路线

五、创新与不足

（一）创新

本书的创新点主要包括四个方面：

第一，当前关于户籍歧视与城市经济增长关系的探讨较为少见，本书在既有研究的基础上，使用现代经济学分析工具，构建了户籍歧视通过收入不平等和人力资本筛选两条路径影响城市经济增长的机制，是探讨户籍歧视与城市经济增长关联性的理论尝试，具有较强的理论意义。

第二，本书关于户籍歧视对城市经济增长的影响机制的探讨得出了一系列富有现实意义的结论。从户籍歧视对城市最优规模的影响机制看，户籍歧视虽然具有城市人口规模调控作用，但是其调控机制存在内在冲突，从而使城市户籍难以保证城市达到最优规模；从户籍歧视与城市经济增长的关系看，本书发现户籍歧视程度随城市经济增长而呈现逐渐弱化直至消失的变化过程，从而揭示了城市户籍政策随经济增长事实而出现内生变迁的逻辑。这一探索对我国户籍歧视与城市经济增长的互动关系提出了理论解释。

第三，本书构建了城市背景下的户籍歧视影响城市经济增长和城市竞争的双城市分析框架，从而将城市竞争这一重要的现实因素纳入理论分析框架，并得出了富有实践价值的分析结论。例如，本书推导出单个城市依靠户籍政策调整获得经济增长的理论前提，分析了单个城市调整户籍政策对城市经济竞争格局产生的影响，以及这种影响将导致与其竞争的城市将做出何种政策调整。这些研究结论为我国不同类型城市的户籍政策制定提供了理论参考。

第四，本书的实证研究为我国因地制宜制定户籍制度改革方案提供了决策参考。本书基于我国100多个地级以上大城市的面板数据进行的实证研究发现，户籍歧视给城市经济增长带来的效率损失与城市等级正相关；户籍歧视对省会及以上级别城市的经济增长具有显著的负面影响，且影响力度超过普通地级市的两倍；户籍歧视对东部和东北地区的城市经济增长具有显著的负面影响，而对中西部地区城市经济增长的影响则不显著。这些结论对政府宏观决策具有较强的参考价值。

（二）不足之处

本书的不足主要集中在三个方面。

第一，由于数据可获得性不强，研究方法不够成熟，实证研究中关于人力资本影响城市经济增长的探讨不够充分。事实上，计量检验发现人力资本对城市经济增长的影响并不显著，与经验认识有一定差异，很大程度上应该是数据质量不可靠和计量方法不成熟所致。

第二，本书在讨论户籍歧视对城市经济增长的影响时，分别构建了单城市模型和双城市模型。由于方法适用性和本人能力所限，两类模型使用的方法存在一定差异，影响了分析过程的完整性和连续性。

第三，由于数据可获得性原因，本书在选择户籍歧视的替代指标时以受歧视人口占总人口的比例表示，但是这个比例只是表示户籍歧视程度的粗略指标。未来的研究者可以通过宏观数据与微观数据相结合，获取更为精确的户籍歧视替代指标，这无疑会有效提高计量分析的准确程度。

第二章 文献综述

在现有文献中,对户籍歧视与城市经济增长关系的直接探讨并不多见。但是关于户籍制度、户籍制度改革及城市经济增长影响因素的文献却已经非常丰富。对这些文献的梳理将为理论和实证分析提供重要的文献背景,同时也有助于形成具有充足文献支撑的分析框架。对既有文献的梳理回顾分为三部分,分别是户籍制度改革的研究综述、户籍制度产生的影响的研究综述、城市经济增长的影响因素研究综述。

一、户籍制度改革研究综述

当前关于户籍制度改革的研究主要包括两部分:第一,对户籍制度内涵、功能及制度弊端的探讨;第二,对户籍制度改革的内涵、阻力、激励条件及改革时机的理论探讨。接下来将从这两个角度对相关文献进行梳理和回顾。

(一) 户籍制度的功能与弊端

1. 户籍制度的功能

户籍制度的最初职能是户籍登记管理，但是随着形势的发展，户口登记管理制度发展成为粘附性的户籍制度（陆益龙，2009）。户籍制度是由单一制度演变成的制度系统。在经济学家看来，户籍制度的功能在于保证重工业发展战略的实现。重工业资本密集度高、就业吸纳能力弱，推行重工业优先战略，就要在大量抽取农村资源的同时牺牲掉大量就业机会。户籍制度在保证向工业输送农业剩余的同时，有效阻隔了劳动力的城乡流动，为发展重工业创造了条件（蔡昉、都阳、王美艳，2001；王美艳、蔡昉，2008）。

从计划经济到市场经济，户籍制度的功能也在发生变化。在计划经济时期，从基本消费品的分配到就业机会的获取，人们生活的方方面面都受到户籍的深刻影响（王列军，2010）。改革开放之后，户籍的作用范围逐渐缩小到社会保障、公共住房和基础教育供给三个方面（陶然等，2011）。

2. 户籍制度的弊端

户籍制度根植于计划经济体制，是为重工业优先发展战略服务的。改革开放以来，我国逐渐建立了社会主义市场经济体制，重工业优先发展战略被放弃，户籍制度失去了存在的意义，其弊端则日益凸显。市场配置资源的前提是要素自由流动，其中极为重要的是劳动力要素的流动。但是户籍制度所承载的不平等的福利分配、歧视性的就业门槛提高了人口流动成本，事实上形成了劳动力流动的户籍壁垒。随着财政分权的施行，我国户籍制度的操作主体由中央政府下移到地方政府,户籍制度在维持城乡二元结构的同时,进一步强化了行政区分割。人口流动壁垒既是明显的社会不公,也是造成经济效率损失的重要因素(夏茂森、朱宪辰、江玲玲,2012)。

(二) 户籍制度改革研究

1. 户籍制度改革的内涵

户籍制度的弊端催生了改革要求。由于户籍制度是一个制度体系,影响到人们生活的方方面面,因此,户籍制度的改革也将是一个深刻的制度变迁。

从政策目标看,户籍制度改革的目标是从效率转向公平。户籍制度是城市偏向和工业偏向的结果。计划经济时期,城市只要农村的产品不要农村的人口;市场经济时期,城市只要农村的劳动力,但不向农业转移人口提供相应的福利保障,目的都是优先保障城市经济效率。城市落户改革意味着城市将公平正义置于城市经济效率之上(彭希哲、赵德余、郭秀云,2009)。

从福利体制看,城市户籍所附着的福利项目由财政供给向市场供给转变。户籍制度改革是公共福利与户籍逐渐脱钩的过程。从粮食供应与户口脱离,到就业市场化,再到五险一金由企业和员工共同负担,与户籍制度改革相伴随的是日趋成熟的市场机制。公共福利供给的社会化程度越高、户口含金量越小,户籍制度改革的难度越低(王美艳、蔡昉,2008;王清,2011)。

从社会结构看,从身份为主转向契约为主。中国的户籍制度改革推动社会结构"从身份到契约"的进步性变革。在身份意识逐渐淡化,契约观念日渐强化的过程中,二者同时作用于社会成员的角色转变,造就了农民工这种过渡性群体(陈娟,2013)。未来,契约将彻底取代身份,成为指导人们行为的主导规范。

2. 户籍制度改革模式的争论

(1) 争论一:城市为主还是城乡并重?

学术界关于户籍制度改革的着力点存在不同意见。大致可以分为"城市中心论"和"城乡兼顾论"。

"城市中心论"认为,应该以城市为主要着力点,降低城市户籍门槛,赋予流动人口户籍身份,实现公共服务和社会保障对城市人口的全覆盖(陶然、刘凯,2009;余佳、丁金宏,2010等)。在实践中,上海和广东的积分入户改革、重庆户改、石家庄户改等都是城市中心的改革。在改革中,政府财力主要投向城市基础设施改造、社会保障供给、公共教育扩容等,但是对农村地区的投入不多(王阳,2013等)。

"城乡兼顾论"则认为户籍制度改革应该从城乡两个层面着手,彻底消除城乡户籍差异,实现人口自由迁徙。黄志亮、刘昌用(2011)基于重庆的户籍制度改革实践认为,在城乡户籍分割、农村投入缺位的情况下,劳动力和土地权益只能在政府主导下单向流动,这将对长远经济效率和农民权益造成威胁。王阳(2013)认为,成都市在破除城乡身份差异、统一户籍、实现自由迁徙方面走在了全国前列,其重要经验是通过统筹城乡公共投入,建立均衡化的城乡公共服务体系,为消除城乡权利和福利差异准备了条件。

(2) 争论二:土地与户籍是否应该联动改革?

大量文献主张农民工在城市落户的同时放弃农村土地。其理由包括:其一,通过农民工退出农村土地实现农业用地高效利用,为农业规模化经营创造条件;其二,土地制度改革可以为城市扩容提供资金支撑,减少农民工市民化成本(陈学法,2009;陆铭、陈钊，2009；周天勇，2010；张良悦，2011；陶然、刘凯，2009；陶然等2011）。另一些文献认为，在大城市户籍门槛难以降低、中小城市户籍吸引力不强的情况下，以土地换户籍只是满足了城市的利益，却违背了农民的意愿（张翼，2011）。在不改变城乡二元户籍制度的情况下，驱使农民放弃土地进城不符合城乡一体化的改革方向，应该以利益驱动基础上的自愿作为农民转户进城的条件，允许进城农民保留土地权益（黄志亮、刘昌用，2011）。

（3）争论三：户籍城镇化还是淡化户籍的城镇化？

大部分学者认为，城市户籍壁垒使农民工进得去却留不下（周天勇，2010）。以常住人口计算的城镇化率高于以户籍人口计算的城镇化率，说明我国城镇化是不完全城镇化和伪城镇化。伪城镇化使农民工没有城市归属感，不得不在城乡之间进行候鸟式迁徙，造成劳动力供给的不稳定性；伪城镇化使农民工遭受歧视待遇，容易形成城市内部的二元结构，危害社会稳定；伪城镇化还遏制了农民工的消费意愿，不利于扩大内需和人力资本投资。解决伪城镇化的办法就是给农民工城镇户籍，让农民工享受完整的市民待遇，并充分释放消费潜力（魏后凯，2013）。这种解决思路可以称作"户籍城镇化"。

另有学者认为，当前户籍制度的本质缺陷是对人口流动的束缚。降低户籍门槛、实现公共服务全覆盖本质上仍然是以户籍归属设计公共福利体系，是对户籍制度的路径依赖。在这种情况下，户籍制度对人口流动的桎梏仍未解除，劳动力配置的效率损失仍然存在。未来户籍制度改革的方向应该是剥离与户籍相关的福利配置、打破以户籍为基础的地方保护主义，全面淡化户籍的管制色彩（张翼，2011），最终实现基本权益的城乡一元化和属地化（王列军，2010）。

3. 户籍制度改革的阻力

户籍制度改革存在多方面的制约因素，包括财力不足、地区协调困难、既得利益阻碍、既有制度的路径依赖等。

财政能力不足。当前我国的户籍制度改革主要以地方探索为主。对地方政府而言，户籍制度改革成本对政府的财政支撑能力提出挑战，对此，多数学者认为，户籍制度改革的核心是探索公共服务的融资创新机制（陶然、刘凯，2009；陶然等，2011）。

地方协调困难。由地方主导的户籍制度改革具有先天的局限性。由于地方公共产品外部性及分税制之下地区间税收竞争的存在，地方政府对跨地区的人口落户缺乏积极性。与此同时，地方政府又在积极利用户籍制度降低公共产品外部性，进一步固化了行政区之间的户籍壁垒（夏纪军，2004；李健英，2005）。这同时说明，户籍制度改革很难实现单兵突破（王文录、郁利燕，2010）。

既得利益者阻碍。户籍制度改革涉及公共资源分配体制的调整。目前，城市户籍居民仍然享受公共部门的就业保护、政府的社会保障供给、公共住房补贴、公立学校入学等排他性权益。一旦放开户籍限制，可能新增大量人口，由此带来的就业竞争。学位拥挤、交通拥挤、保障房供给不足等问题都会不同程度地影响户籍居民的既得利益，引致户籍居民的反对（陈少克，2008；楚德江，2013；翁仁木，2005）。

路径依赖严重。户籍制度是一个制度系统，存在较强的路径依赖。目前的渐进式分权改革为了尽可能规避改革成本，往往沿袭旧的城乡分割路径（楚德江，2013），致使在淡化旧的区隔边界的同时，新区隔边界又不断被创造出来，从而进一步加大了改革难度（陆益龙，2009）。

4. 户籍制度改革的激励条件

目前,户籍制度改革的主体是地方政府。地方政府除了具有政府职能之外,也具有自身的利益诉求。与此同时,地方政府的改革决策还受到户籍居民的影响(蔡昉、都阳、王美艳,2001)。因此,学者们认为,户籍制度改革既应该为地方政府提供改革激励,同时还应该让户籍居民分享改革的好处。例如通过财税体制改革增强地方政府的财政能力,通过土地制度改革(如集体建设用地入市)减少改革成本,在此过程中,通过土地开发造福于郊区农民等(陶然、刘凯,2009;陶然等,2011)。

地方政府的意愿很大程度上决定了改革进程顺利与否,而农民的意愿则决定了改革的成效。对依赖土地财政的地方政府而言,土地与户籍的联动改革对地方政府更具激励性,但对农民却缺乏吸引力。2010年的全国性调查显示,90%的农民工不愿意为非农业户口而放弃承包地(张翼,2011)。2012年针对重庆户改的调查表明,重庆转户农民中只有7.82%退出了承包地。这说明,以土地换户籍的改革可能难以对农民产生改革激励。

在当前经济背景下,中小城市衰落、大城市维持高户籍门槛、农村土地升值空间大,户籍改革的顺利推进既需要地方政府的改革激励,也需要农民工的参与激励。地方政府的改革激励是否只来自于土地呢?寻找新的激励来源可能是未来改革的突破口。

5. 户籍制度改革的时机选择

户籍制度改革的主要目的是促进人口自由迁徙。当农业剩余劳动力供过于求时,劳动力流入地的政府没有动力为农业转移人口提供平等的市民待遇,当地户籍居民则惧怕外来人口的就业竞争,担心户籍福利的损失。户籍改革的时机是指促使上述问题自然消解的特定情况。

第一,当自我融资取代上级补贴成为维持福利体系的主要方式时,地方政府的财政获取将与当地经济状况直接相关。此时,具有经济贡献能力的外来劳动力将受到欢迎,户籍改革受到的既得利益者的阻力将减小(王美艳、蔡昉,2008)。

第二,随着市场机制的完善,当地方福利体系由计划供给转为市场供给之后,人们的福利获得将与地方财政脱钩(王清,2011)。户籍制度的资源分配功能将被市场机制取代,户籍制度将走向自然消亡。

第三,随着劳动力无限供给特征的消失,农民工的工资会持续提高(王美艳、蔡昉,2008),对劳动力的渴求使得跨省劳动力落户问题会更加容易解决。此外,劳动力价格的提高将减弱人口迁移动力,从而逐渐具备就地城镇化的条件。

第四,随着城镇化的推进,农村土地增值收益上升,农业生产效率提高,城乡公共服务的均等化、收入的均衡化将降低人口进城的意愿(张翼,2011;王美艳、蔡昉,2008;刘惯超,2010)。

二、户籍制度的经济内涵研究

(一)户籍制度与人口迁移

户籍制度对人口迁移的影响体现为两个方面。一方面,阻隔城乡之间的人口迁移,维持城乡之间不均等的资源配置状况;另一方面,影响行政区之间的人口迁移,实施户口属地化管理。实际上，我国人口迁移往往体现为城乡迁移与区域迁移的叠加，即人口的跨区域城乡迁移。

袁文倩（2005）认为，改革开放以来，农村劳动力向非农产业转移所受到的限制多与户籍制度相关，而户籍制度限制的背景是我国经济转型过程中经济结构的不均衡。因此，户籍制度的改革有赖于就业市场的完善、产业结构的调整、城乡差距的缩小、配套制度的健全以及政府职能的转变等。臧磊等（2013）探讨了江苏省人口时空格局与户籍制度之间的时空响应关系，发现户籍制度改革对人口迁移具有调控作用，规律性地出台户籍制度改革文件将对人口迁移产生持续影响。

刘培荣、周天勇（2013）认为，户籍制度是造成"土地城市化"与"人口城市化"相分离的重要原因。户籍分割下的社会制度配套缺失，增大了农民进城风险，制约了人口城市化，造成大量人户分离现象。另外，部分地区要求落户城镇必须以放弃农村土地为前提，也是造成阻碍户口迁移的重要原因。侯红娅、杨晶、李子奈（2004）在2003年对全国23个省份的调查问卷显示，仅有45.99%的农民工明确表示愿意放弃农村土地和农业劳动进入城市。土地不仅是农民安身立命的根本，也是户籍制度赋予农民的特殊权益。随着户口对人口流动束缚的逐渐放松，农民可以同时享有农村土地收益和城市务工收益，这构成了农民工群体日渐壮大的制度保证。

户籍制度不仅是阻隔乡城迁移的壁垒，也是阻碍农业转移人口融入城市的壁垒。李涛、任远（2011）认为，户籍制度通过就业制度、社会保障制度、教育制度等形成了城市内部壁垒，从而造成新的城市内部二元结构。歧视性的公共服务供给造成了对流动人口的制度性排斥，成为外来移民融入当地社会的重要障碍。

然而，人户分离和非永久性迁移并非仅仅是户籍制度造成的，暂时性迁移也不会随着户籍制度改革而消失，甚至有可能会增多。朱宇（2004a）的调查发现，即使允许流动人口自由落户，也只有35.1%的流动人口愿意迁移全家户口，13.6%的人愿意迁入本人户口，背后的因素包括就业不稳定、收入水平低、社会保障少、风险预期高等。工业社会对暂时性移民的需求、家庭收益最大化、风险分散战略以及当前中国特殊的发展阶段共同造就了候鸟型农民工群体。同时，暂时性迁移也并非我国的特有现象，在其他国家，个人能力、家庭资源、企业需求等都是暂时性迁移的重要因素（朱宇，2004b）。蔡禾、王进（2007）在2006年对广东省珠江三角洲9个城市展开的调查显示，无论对本地农民工还是外地农民工，影响迁移决策的因素是潜在收益和经济成本而非户口；高收入人群希望获得城市户口仅仅是因为缺失户口会造成"制度合法性压力"。

（二）户籍制度与就业

户籍制度的存在使得农业转移人口难以完全转变身份，于是诞生了从事非农产业但背负农民身份的"农民工"群体。可以说，户籍制度是造成农民工现象的根本制度因素。然而，户籍制度对农民工的影响并不仅仅局限于身份转变的不完全，即使在就业领域，农业转移人口及跨区域迁移人口也深受户籍制度之扰。

改革开放前，借助户籍制度构建的城乡二元劳动力市场，是重工业优先发展战略的要求。改革开放后，户籍制度则成为城市利益集团维持劳动市场就业保护的制度资源（蔡昉、都阳、王美艳，2001）。显然，针对户籍人口的就业保护在另一个角度就等同于对非户籍人口的就业歧视。

户籍制度导致的就业歧视已成为一种普遍现象，其典型表现是城市就业机会在城市户籍劳动力和农村户籍劳动力之间的不公平分配。已有诸多文献表明，大城市劳动力市场存在明显的职业隔离现象，在获取工作机会的过程中，城镇的就业提供方对农村劳动力存在不同程度的歧视现象（Meng and Zhang, 2001; Wang, Zhou and Ruan, 2002）。农民工在城市就业市场受到的就业歧视同时包括就业机会歧视、就业待遇歧视和就业保障歧视，而户籍制度则是农民工就业歧视的总根源（程蹊、尹宁波，2004；张智勇，2005）。农民工进入城市需要办理多种证件，缴纳各种费用，尽管如此仍然难以避免对低端城市劳动力就业的影响，因而招致城市居民的反感和歧视，而在职业发展上由于缺少职业培训而发展机会渺茫（赵耀，2006）。

户籍还是影响劳动者行业进入的关键因素。除了表征劳动生产率的因素外，户籍因素与社会关系、父母教育及政治身份共同构成劳动者进入高收入行业的影响因素（陈钊、陆铭、佐藤宏，2009）。显然，不具有本地户籍使得流动人口被迫就业方向局限于低收入的次级劳动市场（赵耀，2006）。

除了直接的户籍歧视，农民工可能还要面临由户籍因素导致的人力资本劣势。周世军、周勤（2012）基于中国健康和营养调查2009年数据所做的实证研究表明，农民工在高层次职业中存在学历门槛，在低层次职业中面临户籍门槛。由于户籍制度又是影响农民工受教育水平的重要因素，农民工就业中面临的双重门槛事实上都与户籍因素有关。农民工就业歧视分析如图2-1所示。

户籍歧视的另一种表现是对非本地户籍劳动力的歧视，属于地域维度的户籍歧视。这种歧视可能是单一的地域歧视，即城市

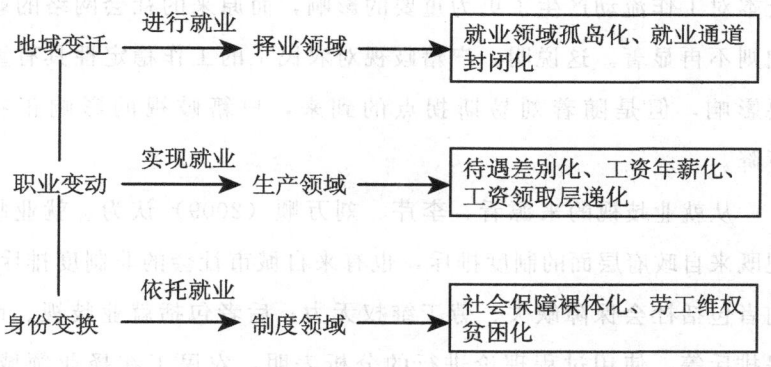

图 2-1 农民工就业歧视分析

资料来源：李芹、刘万顺：《农民工就业歧视的制度排斥及非制度排斥》，《城市问题》2009 年第 2 期，第 56—61 页。

非本地户籍的非农户口劳动力所受到的就业歧视，也可能是同时包含地域户籍歧视和城乡户籍歧视的综合型户籍歧视。跨区域迁移的农民工往往这《同时遭受两种歧视待遇。章元、王昊（2011）将城市劳动力市场的从业者分为本地工人、本地农民、外地工人和外地农民，进而比较不同劳动力之间的地域歧视和户籍歧视程度。他们发现，在控制了劳动生产率之后，相对于本地工人，外地农民受到了 66.5％的歧视，其中包含 26％的地域歧视和 40.5％的户籍歧视。刘毅（2012）使用类似的分类方法考察了 2007 年广东城镇就业情况，发现本地非农、本地农业、外地非农、外地农业等 4 种户籍类型之间的就业机会差异不仅存在于传统国有部门，也存在于私营企业部门。

户籍制度除了影响就业机会之外，还对工作稳定性产生了重要影响。张春泥（2011）通过研究农民工和城市工人监理工作流动的事件史模型，发现农民工难以在公有制部门中获得城市工人那样的社会保障，在拥有相同低的人力资本条件下，农民工的工作稳定性低于城市工人。随着城市用工荒的出现，农民工的人力资本对工作流动产生了更为重要的影响,而原来的社会网络的影响则不再显著。这说明,户籍歧视对农民工的工作稳定性具有重要影响,但是随着刘易斯拐点的到来,户籍歧视的影响正在下降。

从就业歧视的来源看,李芹、刘万顺(2009)认为,就业歧视既来自政府层面的制度排斥,也有来自城市社会的非制度排斥。前者包括社会保障缺失、劳工维权无力;后者包括就业歧视、市民排斥等。使用过程理论进行的分析表明,农民工在择业领域、生产领域、制度领域等就业全过程都受到一系列的有形和无形歧视。

(三) 户籍制度与流动人口收入

户籍制度造成的就业机会不平等是影响城乡收入差距的重要因素,诸多实证研究表明,本地城镇户口对劳动者能否进入高收入行业具有重要影响,这间接扩大了城镇居民与农业转移人口的收入差距(陈钊、陆铭、佐藤宏,2009;陈维涛、彭小敏,2012)。

姚先国、赖普清(2004)使用2003年的企业和农民工调查数据,分析了城乡工人在劳资关系各方面的户籍差异。发现两类工人的劳资关系差异主要表现为两个方面,一是人力资本水平和就职企业的差异;二是农民工所受到的户籍歧视。其中,户籍歧视所造成的差异在20%~30%之间。王美艳(2005)利用Brown分解方法发现,农民工与城市劳动力工资差异的43%是由歧视等不可解释因素造成的。谢嗣胜和姚先国(2006)则发现农民工与城市工之间的工资收入差距55.2%来自歧视性因素,其中36.2%来自对农民工的直接歧视,19.0%来自基于保护城市工而对农民工产生的反向歧视。由于拥有城镇户口显著有利于劳动者进入高收入行业，导致城镇居民在收入和福利待遇方面显著要高于农村户籍人口。

诸多研究还提示我们，如果只关注工资收入，很可能会低估户籍差异对劳动者收入的影响。随着人力资本、就业地、工作条件的变化，农民工的工资可能会变化，但是农民工与城市工人的社会保障差异却仍然存在（姚先国、赖普清，2004）。随着民工荒的出现，由户籍身份造成的待遇差异越来越多表现在社会保障方面。从劳动合同、养老保险、医疗保险到工会参与，非工资性福利权益的歧视待遇，降低了农民工的实际收入（李培林、李炜，2007；金成武，2009）。

农民工收入较低是一个普遍存在的现象。对全国28个省市区的调查发现，农民工的月平均工资只及城市工人的68.4%，而每周工作时间却比城市工人多8个小时（李培林、李炜，2007）。但是，农民工的低收入是否是户籍歧视导致的？这种歧视主要表现在哪些方面？许多研究者发现，影响农民工与城市工人的收入差距的最重要的因素可能并不是户籍，而是人力资本，换言之，收入差距只是劳动生产率差异的客观反映，而非歧视导致的不合理现象（李培林、李炜，2007）。户籍制度对农民工低工资的影响可能并不像人们想象的那么直接。任强等（2008）发现，不同户口类型教育回报的差距随着教育年限的下降而显著扩大。显然，基于户籍制度的城乡教育回报差异是导致农民工工资歧视的根本原因。

户籍是导致流动人口与户籍人口之间的收入差距的重要因素，但是户籍歧视对不同群体的歧视程度是不同的。邓曲恒（2007）发现，对低收入和中等收入人群而言，歧视是造成流动人口收入低的主要原因。但是对收入位于前10%的人群而言，流动人口的收入状况主要是由受教育程度、工作经验、工作时间等个人特征因素造成的。

既然户籍歧视扩大了中低收入群体中户籍人口与流动人口的收入差距，那么户籍制度改革是否有助于中低收入流动人口增加收入，但对高收入流动人口收入增加没有影响呢？魏万青（2012）给出的答案恰恰相反。他发现，对获取城市户籍难度较低的群体，获得城市户籍将带来明显的收入提升效应。但是对获得城市户籍较难的群体，获得城市户籍对其收入的影响为负，原因可能来自该群体的特点：人力资本水平较低、流动性较强。变为永久移民后流动性高的竞争优势将消失，而人力资本低的劣势却继续存在。

（四）户籍制度与城市人力资本积累

人口的乡城迁移将促进人力资本的积累和集聚。一方面，通过"教育抽水机"机制，农村优秀人才通过高等教育进入城市，形成高素质人才的单向流动（阮荣平、郑风田，2009）；另一方面，由于人力资本在城市的收益率高于农村（姚先国、张海峰，2004；侯风云，2005；张兴祥，2012等），大量农村人口向城市非农产业转移，形成大规模的农业转移人口。此外，城市的人力资本外部性也会促进乡城移民。Lucas（2004）从理论上提出乡城移民的直接动力是获取更高的人力资本水平。Rosenthal and Strange（2008）的实证研究发现，与大学学历的工人接近则会增加工资，而与大学水平之下的人接近则会减少工资。尤为重要的是，相比高技能劳动力，低技能劳动力获得的人力资本正外部性更大。这也说明，农民工向平均教育水平高的大城市迁移是符合经济理性的行为。

但是，户籍歧视将降低非户籍人口的教育回报率，影响人力资本投资。由于户籍制度的存在，劳动者的教育回报往往由于户籍歧视而受到扭曲。钱文荣、卢海阳（2012）利用2007年浙江省企业职工调查数据发现，初中组劳动者因户籍受到的歧视最低，其次为大学组，受歧视程度为29.5%，因户籍因素受歧视程度最高的为高中组，高达45.9%。人力资本回报的户籍差异说明大城市仍然存在就业保护现象。初中组毕业生一般从事劳动密集型产业，这是民营资本进入最早的行业，市场化程度也最高，随着民工荒的出现，农民工对工资待遇的要求开始受到重视；而城市户籍的高校毕业生、高中毕业生是本地就业保护的主要对象，同时也直接造成对外地高校毕业生和高中生的逆歧视。

人力资本回报的户籍歧视一方面会弱化劳动者教育投入意愿，另一方面则间接限制了劳动力的充分流动，不利于劳动力资源的合理配置。但是对个别大城市而言，往往通过歧视性的户籍政策保护本地劳动者就业和控制城市人口规模，以及通过促进高素质人才落户筛选城市需要的人才（汪立鑫、王彬彬、黄文佳，2010）。在这个过程中户籍制度对我国人力资本积累存在两种作用。一方面，户籍制度的存在使得部分大城市可以通过歧视性公共服务供给，吸引优秀人才，实现人力资本的高密度集聚。这种政策在造福当地经济和本地户籍人口的同时，由此造成的人口流动的结构性障碍可能损害国家整体的经济质量，使地区间人力资本差距进一步拉大，造成地区统筹发展的鸿沟（付文林，2007）。另一方面，大城市借以提升自身竞争力的户籍制度造成大量农民工的存在。"被城镇化"的农民工群体保持了与农民无二的消费习惯和较低的教育投入，进一步阻碍了人力资本的积累。根据国务院发展研究中心课题组（2010）的研究，当农民工市民化完成后，城市总的人力资本存量将显著增大。换言之，不完全城市化必然意味着人力资本提升潜力难以充分释放。因此，改革户籍制度，促进农民工市民化是刺激人力资本积累的必要条件。

（五）户籍制度与公共产品分配

当前城市的户籍制度功能主要集中于户籍人口规模的调控。对城市政府而言，控制户籍人口规模的直接目的是在地方财政有限的情况下，缓解针对户籍人口的公共产品供给压力。对特大城市而言，控制户籍人口规模还有助于缓解人口过多造成的资源环境承载力压力，提高城市经济效率。

首先，基于户籍制度的歧视性公共产品分配方式被认为是控制城市规模的重要手段。叶建亮（2006）认为，城市政府会出于维持城市最优规模的目的，使用公共产品分配与人口迁移控制的政策组合控制城市人口规模。改进的"亨利-乔治"模型表明，在城乡人口自由流动的情形下，执行面向所有城市人口的非歧视性分配政策并非一个有效率的户籍制度安排，最有效的户籍制度安排是在有效控制城市人口规模的前提下，执行面向所有城市人的非歧视性分配政策。王平（2012）从城市规模的制度约束的视角出发，认为对落户成本较高的城市而言，盲目放松户籍管制会带来公共支出成本的大幅增加，也会降低经济增长活力。如果同时追求福利公平和经济效率就必须降低人均的公共产品数量；但是对低落户成本的城市而言，降低落户门槛与提升经济效率可以同时实现。

其次，户籍制度被认为是地方政府用以降低公共产品外部性的制度工具。付文林（2007）发现，尽管实际公共支出水平对人口的跨省流动具有促进作用，但是借助户籍制度实施的地区间人力资本竞争,在刺激地方政府提升公共支出水平的同时,也造成了对低技能劳动者的公共福利歧视,并成为人口流动的结构性障碍;与此同时,户籍制度的筛选机制也催生了地区间人力资本积累的马太效应,加大了地区统筹发展的难度。丁菊红、邓可斌(2011)认为,财政分权、公共产品与户籍管制之间存在传导机制。在财政分权体制下,随着经济增长带来的人口集中,公共产品的供给压力增大,地方政府将借助户籍的区分功能,减弱公共产品外部性,首当其冲是减弱容易控制的软公共产品外部性。夏纪军(2004)从公共产品供给激励、地区间税收竞争以及地区差别政策三个角度分析了政府对流动人口执行户籍管制的动机,并认为只有控制地方公共产品的外部性才是维持户籍制度的唯一合理原因。

再次,地区经济竞争将促进户籍制度改革。在分权框架下,地方政府对地方经济增长的追求促进了城市交通等"硬"公共物品的供给;而为了吸引更多劳动力,各项公共服务也逐渐惠及农民工,从而促进了"软"公共物品的供给。显然,分权制下的地区竞争追求更高效的劳动力配置,进而促使地方政府逐渐取消户籍人口与流动人口的福利差别(夏纪军,2004)。实证研究显示,财政分权水平提高对降低户籍管制程度发挥了重要作用。

最后,户籍制度变革可能与政府的财政政策有关。目前的户籍制度变革主要是由地方政府推动的,其主要目的就是对财政收支的开源和节流。其中,以"蓝印户口"等方式推行利益扩散式改革,主要目的是增加财政收入;以取消粮票,户口与粮食供应相分离为代表的利益剥离式改革,主要目的是减少财政支出(王清,2011)。因此,财政分权体制下,地方政府增收减支的财政需要将对户籍制度改革产生重要影响。

(六) 户籍制度改革与土地

户籍制度与土地有密切关联。我国目前的土地制度是农村土地归集体所有，但是由农户承包经营。拥有土地承包经营权的前提是拥有村集体所在地的农业户口（徐增阳、陈玉华、吴小艳，2007）。在城镇化加速推进的背景下，户籍制度通过城乡分割的用地制度、社会保障制度使土地承包经营权流转的制度功能难以发挥（邓海峰、王希扬，2010）。土地制度改革缺位使得本应包含城乡两个维度的户籍制度改革仅停留于城市层面。

当前，中国的城市化受制于二元分割的户籍制度。对农民而言，户籍的阻隔使农业转移人口难以彻底转变为城市人；对农业而言，基于户籍制度的农村土地制度改革滞后，使农民在转变为工人的同时，农村的土地未能及时退出和流转，农业规模化经营难以实现；对城市而言，城市化意味扩大城市人口容量，这必然要求相应扩大用地规模，而在农地非农化过程中，征地补偿纠纷成为城市扩张中绕不过的坎。显然，城市流动人口、农地再调整及农地非农化已经成为中国转轨和经济发展中面临的重大问题（陶然、徐志刚，2005）。

土地与人口是城镇化的一体两面。人口的半城镇化一方面是户籍制度造成的，另一方面也有土地退出机制不完善的原因。在学术界，完整的城镇化进程应该包括土地制度改革和户籍制度改革已经基本达成共识。研究者们分别从经济转型、经济效率和城市化质量三个视角论证了进行土地和户籍制度联动改革的必要性和可行措施。

经济转型视角。陶然、徐志刚（2005）认为城市流动人口、农村土地整合、农地非农化是我国实现经济转型必须克服的三个关键问题，必须统筹考虑、联动改革才能收到成效。他们提出了一个包含户籍制度和土地制度的改革政策组合，即在改革土地征用制度的同时，给予农民在土地和城镇社会保障之间的选择权，从而实现中国经济结构的顺利转型。陈学法（2009）和陶然、徐志刚（2005）则从破解二元结构出发，认为二元结构变迁的前提是生产要素在城乡自由流动，而我国户籍制度制约了劳动力的自由迁徙，土地制度则制约了土地要素的自由流动。因此，破解我国城乡二元结构的根本出路是联动改革土地和户籍制度。

经济效率视角。陆铭、陈钊（2009）发现，中国的区域经济发展水平和土地集约利用程度都表现出西低东高的特点，因此，劳动力和建设用地指标向东部流动是提升整体经济效率的必然途径。在这个过程中，土地制度改革的关键是允许建设用地指标跨区域配置，而户籍制度改革的关键则是促使沿海城市放宽落户限制，吸纳更多外地劳动力。陶然、刘凯（2009）和陶然等（2011）认为以集体建设用地入市为核心的土地改革和财税制度改革，能够促进城镇化扎实推进，短期内有望缓解中国的劳动力短缺，长期看则有助于刺激人力资本投资、提高劳动者技能，最终推动产业升级和国际竞争力提高。因此，土地制度、财政制度和户籍制度的联动改革有助于我国进一步释放劳动力供给潜力，提高经济增长效率。

城市化质量视角。周天勇（2010）从实现体面城市化的角度出发，认为城市住房成本过高和农村土地退出制度不健全是城市化过程中农民进得来却留不下的关键问题。农民工收入增长速度、房价上涨指数、农村资产退出变现和政府的住宅供给是实现完全城镇化的四个关键点。张良悦（2011）从减轻农民工市民化成本的角度，提出附带土地退出的户籍制度改革方案。一方面，应该消除城市户籍价值，消除城市居民的特殊福利，同时对城市居民征收财产税（如房产税），实现公共产品的有偿提供；另一方面，通过户籍对价机制，将农业转移人口的土地资源置换到城市中，以支付城市安置成本和公共产品价格。

在实践领域，土地制度和农业转移人口市民化的联动改革已经开始。在重庆户籍制度改革计划中，土地流转将带来土地升值，从而补充农民工市民化的财政需要。但是在实践的过程中，由于土地流转机制不成熟，土地增值收益远低于预期。这一方面直接打击了农民的转户热情，另一方面，土地增值收益少也增大了城市公共服务供给、土地流转补贴、社会保障资金的支出压力。针对重庆农民参与户改意愿的调查显示，退地补偿、城市社保、公共服务等对农民参与户籍制度改革的意愿具有重要影响（尹希果、马大来，2012）。

显然，土地制度与户籍制度改革相互掣肘是重庆户改中"半城市化"现象的根本原因。针对转户不退地的现象，陈霄（2013）提出通过将土地占有权与收益权相分离的土地资本化思路，缓解农民失地的"担忧"。然而，在缺乏明确的收益预期的情况下，这种做法可能难以收到明显效果。另外，张翼（2011）对2010年全国性调查数据的分析表明，90%的农民工不愿意为获取非农户口而交回承包地。在中小城镇户籍含金量低、大城市落户门槛偏高、农村土地升值前景广阔的背景下，土地与户籍制度的联动改革难以得到农民的广泛拥护。

结合上述分析可以发现，尽管户籍制度与土地制度的联动改革存在清晰的传导逻辑，而且在宏观经济层面也符合资源优化配置的要求。但是，土地制度与户籍制度均涉及千千万万的微观个体。个体决策的多元性、思维转变的过程性决定了户籍与土地的联动改革必然是长期性、渐进性和适应性的改革。尤其是土地制度改革带来的土地升值存在不确定性，即使确实升值，其资金变现也存在时滞，而户籍制度改革却需要大量资金的即时投入。以土地增值收益支付部分户籍改革成本的政策设计存在一定的风险，也必然增加农民的忧虑。而且，中小城市政府的财力短缺可能从一开始就造成农民转户的不积极。

三、城市经济增长的影响因素研究

当前关于户籍制度与经济增长关系的探讨比较少见，原因可能是户籍制度与经济增长并不存在直接的经济学关联。但是户籍制度是具有社会和经济功能的制度系统。户籍的最初功能是控制城市人口规模，防止过渡城市化；户籍还是城市提供排他性公共福利的主要依据，能够直接影响人们的收入水平；当今诸多大城市的落户门槛则有助于将城市需要的人才留在城市。因此，户籍具有人口规模调控、收入分配和人力资本集聚三种功能。在城市经济学理论中，城市规模是影响经济增长的重要变量，而在传统经济增长文献中，收入分配和人力资本都更是得到广泛探讨。接下来我们将对相关文献进行梳理。

(一) 人口规模与城市经济增长

城市规模收益是影响经济增长的重要因素。在城市化时代，城市人口规模则与农业转移劳动力密切相关。在二元经济理论中，城乡收入差距则是导致乡城移民的重要原因。例如，Lewis

(1958)认为农业剩余劳动力的无限供给导致农业的劳动边际产出为零，工业边际回报高于农业回报促使农村剩余劳动力大量涌向城市。Harris and Todaro（1970）曾在两部门乡城迁移模型中，探讨了无农村剩余劳动力情形下政府最低工资政策对乡城迁移的影响。他发现，移民行为是对预期工资的反应，因此，政府的工资补贴和就业支持不可能解决城市失业问题。在缺少工资灵活性的情况下，工资补贴与限制自由移民的政策组合是最优解决方案。

从Lewis的分析到Todaro的研究，农村劳动力由无限供给转为有限供给，由此劳动力转移带来的不仅是城市部门的变化，农业劳动生产率也随之提高了，所以，城乡工资差距以及由此衍生的迁移动力也随着人口迁移进程而出现变化。这个过程正是中国改革开放以来一直并正在经历的。Todaro关于缺少工资灵活性的假设则与市场化程度日趋提高的中国现实存在差距，但是他提出的控制人口迁移的政策主张恰恰是中国户籍制度的内在功能。而中国目前的任务则是如何在市场经济不断完善的同时，革除影响劳动力自由流动的户籍限制。这也正是本书努力完成的任务之一。

当农业剩余劳动力逐渐消失的时候，人力资本积累成为现代部门继续成长的关键。但是，在整个乡城迁移的过程中，人力资本积累从来都是一直存在的，并且是激发农民向城市移民的重要因素。Lucas（2004）通过引入乡城移民的人力资本积累路径，修改了传统的收入差距引致乡城移民的分析框架。他认为，城乡收入差距的根源是人力资本差距导致的技术差距。城市的高工资反映了高技术水平，但是这些工作并不适合低技术的农村移民，移民来到城市是因为城市能够帮助他们实现人力资本积累，而正是人力资本的回报从根本上缩小了均衡的城乡收入差距。

从人力资本的角度看，城市对乡城移民的吸引力在于城市的人力资本积累的正外部性（Eaton and Eckstein，1997；Bertinelli and Zou，2008），以及城市的高人力资本回报率（姚先国、张海峰，2004；侯风云，2005；张兴祥，2012等）。在内生经济增长框架下，人力资本通过提高城市产出规模、劳动力工资等提高城市人口吸纳能力，从而使得城市人口规模随着平均人力资本水平的提高以更快的速度扩张（Black and Henderson，1999；项本武等，2012）。当城市人口规模扩张时，城市的集聚收益也将提升，这种收益包括更高速的信息传播、更高的基础设施利用率、更大的市场规模以及对企业和个人而言更便利的交通、更快的市场到达、知识外溢及创新等（Krugman，1991；Lucas，1988；Rauch，1993）。

城市人口规模的扩大也存在副作用，即城市拥挤成本。城市规模收益是指随着城市人口的增加带来的平均收益的提高。规模收益提高的速度会逐渐降低，而边际成本的提高速度会逐渐增加，这就导致城市净规模收益会经历由大到小的变化。其中净规模收益最大的定点 O 意味着城市人口规模收益与拥挤成本之差最大（如图 2-2 所示）。

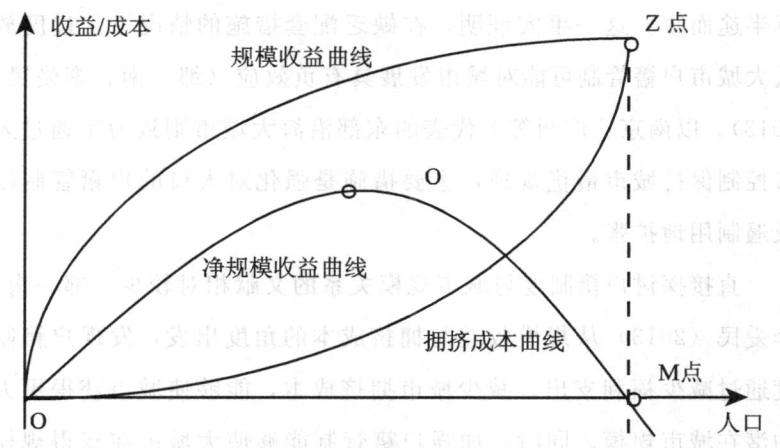

图 2-2　城市规模收益

在关于我国城市人口规模的探讨中，王小鲁和夏小林（1999）较早从规模经济与外部成本（包括政府支出和个人拥挤成本）的角度探讨了城市最优规模的问题，并认为城市人口在100万～400万时，净规模收益最大。但是，在我国处于该区间的城市不是太多而是太少（王小鲁，2010）。2000年以来，大量文献开始关注中国城市人口规模问题，并认为我国的主要问题是中小城市发育不足，大城市数量过少，应扩大城市规模，推进大城市主导的城市化（张应武，2009；刘永亮，2009；王业强，2012；陆铭、高虹、佐藤宏，2012）。不过，关于城市的最优规模却并无定论。王小鲁、夏小林（1999）认为最优规模区间为100万～400万；张应武（2009）认为我国城市最优规模为500万人左右；王业强（2012）则认为最优规模应该在352万～932万人；邹一南、李爱民（2013）认为无户籍管制下的城市最优规模为600万人。

在实践层面，对最优规模的不同理解直接影响着城市政府的户籍政策。以郑州市为代表的中西部省会城市曾希望通过做大城市规模形成区域增长极，但是超出预料的诸多负面效应却迫使改革半途而废。这一事实证明，在缺乏配套措施的情况下，过度放松大城市户籍管制可能对城市发展具有负效应（邹一南、李爱民，2013）。以南京、广州等为代表的东部沿海大城市则致力于通过人口控制保持城市最优规模，主要措施是强化对人口的户籍管制以及遏制用地扩张。

直接探讨户籍制度与城市规模关系的文献相对较少。邹一南、李爱民（2013）从规模收益与拥挤成本的角度出发，发现户籍制度通过减少福利支出、减少城市拥挤成本，能够使城市获得更大的潜在城市规模。同时，加强户籍管制能够使大城市在获得规模经济收益的同时，规避社会福利支出，这可能是对城市政府最直接的政策激励了。

然而，户籍制度对城市潜在规模的影响可能不仅仅局限于对规模收益和拥挤成本的影响。从最直接的城市经济增长机制看，城市人口规模扩张直接来源于城市人均收入的提高。而作为生产要素的物质资本和人力资本的积累将直接促进宏观经济增长和个人收入的提高。显然，从物质资本积累和人力资本集聚的角度探讨户籍限制政策的经济含义将有助于解释城市政府户籍管制的政策动机。这正是本书接下来要探讨的问题。

（二）收入分配与城市经济增长

城市经济增长是经济增长在城市空间内的具体表现。当前直接探讨收入分配与城市经济增长的文献比较少见，但是在国家层面，收入分配与经济增长的关系则是宏观经济研究的重要课题。

关于收入不均等与经济增长关系的最著名研究者是库兹涅茨，他在1955年提出了著名的库兹涅茨曲线假说，认为收入不均与经济增长为倒"U"形关系，即收入不均的程度会随着经济增长而出现先上升后下降的过程。与库兹涅茨同时代的研究者从收入不均等影响储蓄率和投资的角度探讨了收入不均与经济增长的关系。他们认为，收入不平等促进了富人的财富积累，而富人往往具有的高储蓄率则为投资提供充足的资金，进而促进经济增长（Lewis, 1958; Kaldor, 1957; Pasinetti, 1962）。其中，二元经济理论的创建者刘易斯认为，增加资本家的利润能够促进再投资，因此，资本家与工人的收入不均等是发展现代经济，促进二元经济转换的必要条件。

20世纪70年代中期以来，经济停滞与收入分配不均越来越多地同时出现，促使西方学者从其他角度研究二者的关系，他们逐渐认识到收入不均会阻碍经济增长。例如，Murphy, Shleifer and

Vishny（1989）提出了收入不均等的市场规模效应。他们认为只有当国内市场足够大时才有可能实现良性工业化，因为庞大的市场需求能够让规模收益递增以保持盈利，但是收入不均等将压缩整体消费规模，从而不利于国家工业化。Alesina and Perotti（1996）提出了收入不均等的生育-教育效应。他认为收入不均等程度与生育意愿成正比，与人力资本投资强度成反比。当收入不均程度提高时，人们的生育意愿会增强，但是人力资本投资会减少，从而不利于经济增长。Perotti（1996）提出了收入不均等的社会冲突效应。他们认为收入分配不均会加剧低收入者对现状的不满，变革需求及相关的暴力活动会消耗社会财富、恶化投资环境，从而遏制经济增长的势头。

改革开放以来，收入差距扩大与经济高速增长成为我国宏观经济的两个显著特征。2000年以来，中国学者运用现代西方经济学工具，对此进行了大量研究。具体研究角度主要包括对库兹涅茨假说的证明、检验和拓展，以及对收入分配与经济增长关系的重新审视。

对库兹涅茨假说的证明和检验。尹恒、龚六堂和邹恒甫（2005）从财政支出的角度进一步验证了库兹涅茨假说的存在性。他们将财政支出分为生产性支出和消费性支出，并分别纳入总生产函数和个人效用函数，在政治和经济两个维度证明了库兹涅茨曲线的存在。刘生龙（2009）从理论和经验两个方面证明了收入不平等与经济增长之间存在"倒U型"关系。他发现，当基尼系数介于0.37~0.40之间时，收入不平等将促进经济增长，因此可以看作收入不平等的合理区间。

对库兹涅茨假说的应用与扩展。王少平、欧阳志刚（2008）将收入差距置于城乡二元结构之中，揭示了我国城乡收入差距与实际经济增长的关系。他们发现,在泰尔指数为 0.100 处,我国城乡收入差距对实际经济增长的长期效应由正转负,且负效应逐年增加。许冰、章上峰(2010)利用非参数局部多项式方法进一步细化了倒 U 型曲线的变化过程并发现,我国收入不平等曲线存在三个拐点,并将在 2015 年进入收入差距持续缩小阶段。

收入差距与经济增长关系的重新审视。除了倒 U 型的关系外,还有众多研究从不同角度出发,认为中国收入差距与经济增长存在线性关系。其中,陆铭、陈钊、万广华(2005)以投资和教育作为收入差距与经济增长的中介变量,他们发现,投资对经济增长的影响超过教育,而收入差距对投资的长期影响为负。因此,收入差距对经济增长有负面影响。陈安平(2009)同样发现收入差距不利于经济增长,但是这并非来自收入差距对投资的负面影响。因为他发现收入差距对投资的影响并不明显,投资并非收入差距作用于经济增长的桥梁。沈凌、田国强(2009)则从产品市场需求的角度出发,认为应辩证地看待收入差距缩小对经济增长的影响。他们将收入差距的衡量指标分为贫困人口的贫困程度和贫困人口比例,并认为降低低收入者比例有利于经济发展,而提高低收入者的收入则会阻碍经济增长。

表 2-1 收入不均影响经济增长的理论机制

影响机制	与经济增长的关系	代表性文献
储蓄/投资效应	正相关	Lewis(1958);Kaldor(1957);Pasinetti(1962)
市场规模效应	负相关	Murphy,Shleifer and Vishny(1989)
生育/教育效应	负相关	Alesina and Perotti(1996)
社会冲突效应	负相关	Perotti(1996)
库兹涅茨曲线	正相关到负相关	Kuznets(1955);尹恒、龚六堂、邹恒甫(2005);王少平、欧阳志刚(2008)

(三) 人力资本与城市经济增长

人力资本是影响经济增长的重要变量，这种影响作用在城市空间更为明显。Eaton and Eckstein (1997) 认为城市人力资本水平不仅是全要素生产率的组成部分，而且能够直接影响劳动效率。在城市生产过程中，城市平均人力资本水平作为外部因素影响经济产出，个体人力资本则作为劳动力要素的组成部分影响最终产出。Eaton and Eckstein 认为，人力资本决定工资率，且平均人力资本水平越高，距离市中心（r_a）越近，劳动力数量越少，工资率越高。Black and Henderson (1999) 设计了两类城市经济增长模型，家庭通过两类城市的人力资本配置实现私人收益均等化，最优化的城际资源配置带来的收入状况为，$\frac{h_1}{h_2} = \frac{l_1}{l_2}\left(\frac{\phi_1}{\phi_2}\right)$，$\phi_1$，$\phi_2$ 为常数。即人力资本分配决定收入分配。

Bertinelli and Black (2004) 认为虽然城市拥挤成本会逐渐抵消城市区位带来的生产率优势，同时乡城移民也会拉低城市纯收入进而使得均衡城市化变成过度城市化，但是由于人力资本外部性的存在，城市移民会由于人力资本投资而获益。如果人力资本水平与技术进步存在如下关系，$A_{t+1} = \max[A_t(z_t h_{it})^\theta]$，[①] 则城市人力资本水平与城市化率的关系为：$h_{it} = \left[\frac{\alpha G_u (z_{t-1} h_{it-1})^\theta}{p}\right]^{1/(1-\alpha)}$，即城市化率 z_t 的提高一方面会直接提高下一期的技术水平 A_{t+1}，从而带来经济增长；另一方面，城市化率 z_t 还可以通过影响下一期人力资本水平 m_{it+1}，间接影响技术水平和经济增长。

---

① A_t 代表 t 期的技术水平；h_{t-1} 为第 $t-1$ 期的城市人力资本水平；G_u 代表城市公共基础设施质量及其所代表的生产效率；z_{t-1} 为第 $t-1$ 期的城市化率。

Fan and Stark (2008) 将人力资本水平、集聚经济和乡城移民联系起来，探讨人力资本在城市和乡村经济中的作用。在乡城移民背景下，倘若并非所有低技术劳动力都能进城，则均衡的城市化要求 $f(n,h^c) = g(h^r)$。由于 $\alpha f(n,c^c) = \alpha g(h^r) > \beta g(h^r)$，因此在均衡城市化状态下，所有高技术劳动力都将进城，即 $h^r = 0$。此时，$f(n,c^c) = f[l^c + \alpha(s^c + s^r) + m^1, (s^c + s^r/l^c + s^c + s^r + m^1)] = g(0)$。即在不存在乡城移民限制时，城市低技术劳动力和高技术劳动力的工资分别为 $g(0)$ 和 $\alpha g(0)$。说明在农村存在大量低技术劳动力的情况下，无限制的乡城移民导致城市高技术劳动力被稀释，从而不仅不利于城市经济增长，也导致城乡人口的福利水平全面下降。

刘传江、董延芳（2007）按照人力资本稀缺程度，将劳动力分为两类，进而通过理论模型和经验研究分析了稀缺劳动力流动对区域经济增长极的影响。他认为，当人力资本为异质时，增加的人力资本应根据其质量分别加到不同种类的人力资本中去；产出弹性越大的人力资本，数量越少；所有要素都存在边际报酬递减。假定地区 A 为某区域的增长极，它和其他地区的不同之处在于，在 A 地区，拥有第二类人力资本的劳动者工资率较高，因此，这类劳动者会从其他地区不断流入 A 地，设其流动量为 M，令 $\frac{M}{L} = m$，并令 $\frac{K}{L} = k$，$\frac{L_2}{L} = \theta$，即随着熟练劳动力不断流入 A 地，A 地的 θ 值会越来越大，此时，根据索洛-斯旺模型，当熟练劳动力流向 A 地时，该地区会产生如下变化：（1）在其他条件不变时，资本的边际报酬提高，因此，θ 提高会令资本边际报酬递减趋势得到减缓；（2）由于 θ 提高会导致资本的边际报酬提高，故 A 地的物质资本流入会增加；（3）由于 m 与 k 正相关，故物质资本的流入会进一步促进 A 地对熟练劳动力的吸引力；（4）既然流向该地的物质资本和人力资本都有所增加，该区域内的回波效应增强，增长极溢出效应由负变正的时间相应延长。

四、不足与展望

目前关于户籍制度改革和城市经济增长的文献已经非常丰富。但是，专门探讨户籍与城市经济增长关系的文献仍然较少。与此主题最为接近的文献包括邹一南、李爱民（2013）对户籍管制与城市规模关系的探讨，以及邓可斌、丁菊红（2010）关于户籍管制、经济增长与地区差距关系的讨论。

其中，邹一南、李爱民（2013）发现放松户籍管制对大城市发展具有负效应，但是对中小城市发展具有正效应。其主要逻辑在于，对大城市而言，户籍管制能够降低城市运行成本和规模收益。对大城市而言，户籍管制降低了拥挤成本和福利开支成本，从而使城市更持久地获得规模收益；对小城市而言，放开户籍管制能够在成本上升有限的情况下，收获较大的城市规模收益。换言之，户籍管制的主要作用在于通过影响人口规模，间接影响城市运行成本和城市产出。但是，户籍管制同时包含人口流动限制、人才筛选和收入再分配三种制度功能。人才筛选关系到劳动力质量，收入再分配关系到城市资本积累，两者都是城市经济生产的关键变量。显然，缺少对这两项关键制度功能的探讨，会使相应的理论和实证研究缺乏坚实的理论基础。

邓可斌、丁菊红（2010）将户籍管制因素引入索罗增长模型，建立了包含政府政策倾向的发展经济学模型。在这个修正的经济增长模型中，户籍管制直接造成了户籍人口与非户籍人口的收入差异，进而影响资本积累。由于资本和劳动力是影响经济产出的主要经济变量。因此，该模型捕捉到了户籍管制的两项重要功能——收入分配和人口数量调控。但是，在本书的理论模型中，并未考虑城市所特有的规模经济和拥挤成本现象，从而使得该模型仍停留于普通的宏观经济模型层面，无法捕捉城市经济发展过程中的人口规模外部性。由于缺少对城市特性的关注，城市规模经济和拥挤成本的影响便遗憾地被忽略掉了。

综上所述，在有限的文献中，关于户籍制度与城市经济增长关系的探讨仍然缺乏一个较为全面的分析框架。一个更为完善的分析思路应该是在充分挖掘户籍制度的经济内涵的基础上，讨论这些经济内涵对城市空间内人口规模和经济增长的影响机制。这意味着，需要在理论和实证分析中关注户籍制度所内含的歧视性对城市收入差距、人口规模、人力资本水平的影响，进而考察这些因素对城市经济增长的影响。这将是本书接下来将着力解决的问题。

五、本章小结

本章从三个方面进行了文献梳理。首先，梳理户籍制度改革的相关文献，包括户籍制度的功能和弊端，户籍制度改革的内涵、模式争论、改革阻力、激励条件和时机选择，这将为本书接下来的理论和实证研究提供基本的文献参考；其次，对探讨户籍制度影响的文献进行了梳理，发现现有文献主要从六个方面探讨了户籍制度的影响，包括户籍制度对人口迁移的影响、对流动人口就业的影响、对流动人口收入的影响、对城市人力资本积累的影响、对城市公共产品分配的影响以及户籍制度改革与土地改革的相互关系；最后，讨论总结了现有文献中城市经济增长的影响因素，包括城市人口规模对经济增长的影响，城市收入分配和人力资本水平等对城市经济增长的影响等。

对现有文献的回顾发现，学术界关于户籍歧视与城市经济增长关系的研究较为薄弱，一方面，探讨该问题的文献较为少见；另一方面，已有的少数文献对二者关系的理论探讨仍然有较大的改进空间。主要表现在，首先，未能充分挖掘户籍因素的经济内涵，如城市落户政策对人力资本的偏重、基于户籍的歧视性公共福利分配等往往被研究者遗漏；第二，户籍歧视产生的空间特征，如城市人口规模效益等容易被研究者忽视。这些将成为本书接下来重点关注的内容。

第三章　我国户籍制度的变迁历程

我国户籍制度是典型的城乡二元户籍制度，而在实际操作过程中又具有了区域分割的特点，并且被赋予了众多的福利和权益分配功能。户籍制度的复杂性来源于制度形成之初的特殊社会经济背景。户籍制度的形成、发展和改革经历了漫长的时期，在不同的阶段具有不同的特征。接下来，我们将回顾我国户籍制度60多年的变迁历程，并对当前我国存在的几种户籍制度改革模式进行总结评价。

一、我国户籍制度的形成

我国户籍制度的形成经历了三大改造完成之前的酝酿时期、三大改造完成到"文革"之前的形成和固化时期，以及"文革"期间的崩溃和"文革"结束后的强化时期，经过30余年的调整和完善，具有鲜明二元分割特色的城乡户籍制度基本形成并深刻影响着人们生活的方方面面。

（一）1949—1956 年：户籍制度的酝酿时期

新中国成立之后，稳定公共秩序，恢复国民经济成为党的工作中心。为了快速清除城市中的反革命分子、稳定和恢复社会秩序，1950 年 8 月公安部制定了《关于特种人口管理的暂行办法》，以"搞好社会治安，保障安全"。《暂行办法》的出台标志着户籍管理职能开始由内政部转移到公安部，治安导向从此成为我国户籍管理制度的重要特征。1951 年 7 月 16 日，经政务院批准，公安部公布《城市户口管理暂行条例》，其中第一条明确指出"为维护社会治安，保障人民之安全及居住、迁徙自由，特制定本条例"。该条例一方面继续强化了户口管理的治安管理色彩，同时也初步形成了城市户口登记和管理框架。

《城市户口管理暂行条例》出台的重要背景是建国初期城市失业严重，社会秩序紊乱，新生的共和国政府希望借助户口登记制度摸清城市人口状况，为接下来的失业救济提供基本信息。在此过程中，政府为了应对城市大规模失业，动员、说服城市失业人员回乡从事农业生产。这种应对城市失业的方式在随后的计划经济时代全面延续下来，并在"大跃进"后期和"文化大革命"初期促成了上山下乡热潮。应对城市失业无外乎增加城市就业岗位与减少城市待业人口两种路径。很显然，后者简便易行且成效显著，因而得到了更多的青睐。这种以城市为中心的工作模式后来进一步演化为城乡分治，并为后来城市户籍门槛的形成埋下了伏笔。

1953—1956 年，国家同时在流通体制和人口分类管理两个方面完善户籍制度。流通体制改革使国家具备了统一管理和分配资源的能力；通过区分"农业人口"和"非农业人口"使非农业人口成为国家重点保障的对象。为保障城镇物资供应，1953年11月，国家同时出台《关于实行粮食的计划收购和计划供应的命令》和《粮食市场管理暂行办法》，城市的机关和企事业单位可通过单位组织供应粮食，而普通居民则需要凭借购粮证或户口簿购买，从此开启了凭证购粮并与户口挂钩的历史。1955年8月颁布的《市镇粮食定量供应暂行办法》正式确立了根据票证定量供应粮食的"票证制度"。《暂行办法》规定，在购粮票证的发放过程中，根据户口证件编造粮食供应名册，送交相关机关核定和发放粮食供应证。自此，户籍制度除了人口统计功能，后来增加的治安管理功能，又进一步附加了经济分配功能。

对户籍制度而言，如果把人口统计视作安身立命的"本职工作"，治安管理是顺势而为的"兼职工作"，那么经济分配则是部门之间的"工作借调"。正如全国第一次户口工作会议指出的那样，户籍管理的三项基本任务为："证明公民身份，便利公民行使权利和履行义务；统计人口数字，为国家经济、文化、国防建设提供人口资料；发现和防范反革命和各种犯罪分子活动，密切配合斗争。"事实上，这一时期户籍制度的主要目的仍然是加强人口管理和维持社会治安，而非限制人口流动，因此，在对市镇实行粮食定量供应的同时并未对人口迁徙采取完全禁绝的态度。加之1956年前后中国顺利完成了"一五计划"，工业劳动力需求旺盛，因此，直至1958年，我国的公民迁徙都非常频繁。

但是随着计划经济体制的全面确立，城乡二元结构逐渐形成，加之长期存在的短缺经济，原本暂时性的经济分配功能也长期附着在户籍制度上，并且每当经济形势恶化时，调整户口指标便成为最直接最有效的政策手段,此时,城镇户口的含金量便进一步提高。因此,经济形势是影响户籍制度改革的重要变量,经济体制改革则是户籍制度改革的先决条件,以剥离附加功能为主旨的户籍改革必然经历先易后难的过程。

表 3-1 1949—1956 年户籍制度的酝酿过程

颁布时间	法规制度	主要内容
1950 年	《关于特种人口管理的暂行办法》	特殊人口管理
1951 年	《城市户口管理暂行条例》	城市常住人口登记和管理
1953 年	《全国人口调查登记办法》(政务院)	常住人口的六项调查和登记
	《中共中央关于粮食统购统销的决议》	规定粮食收购和计划供应的范围
1954 年	《内政部、公安部和国家统计局联合通告》	普遍建立农村户口登记制度
1955 年	《建立经常户口登记制度》(国务院)	人口和户口变动登记和管理
	《市镇粮食定量供应暂行办法》	粮食供应、粮食和粮油转移证管理
	《国务院关于城乡划分标准的规定》	区分"农业人口"和"非农业人口"
1956 年	首次全国户口工作会议的三个文件	确立户口管理的三项任务

资料来源:陆益龙:《户籍制度——控制与社会差别》,商务印书馆 2003 年版,第 122 页。另,书中记载《城市户口管理暂行条例》的颁布时间为 1950 年,疑似有误。

(二) 1956—1966 年:户籍制度的形成和固化时期

户籍制度的形成和固化主要体现在城市对人口迁徙的限制逐渐加强,城市户口指标渐趋收紧,而城市户籍的含金量则越来高。户籍制度的形成过程也是户籍制度对人口迁徙的限制逐渐强化的过程。

1956年，安徽、河南、河北、江苏等省份出现严重饥荒，灾区农民、复员军人和村社干部大量外出逃荒并试图进城寻找工作。1956年12月，国务院发布《关于防止农村人口盲目外流的指示》，发布该文件的主要原因是大城市和工业建设地区难以安置大量流动人口。因此直到1956年年末，城市和非农产业都未曾严格拒绝农业人口的进入，防止农村人口外流主要是出于防止城市过度拥挤的考虑。而在人口迁徙的问题上，文件指出，如果原住地受灾严重导致生活困难，而外地又有亲友可以投靠或可以获得就业，才允许外出；对已经外流的人口，只要拥有生活来源就要允许在当地居留，并且地方政府应该设法安置流入人口。说明此时的政府对迁徙行为采取的态度仍然相对温和，甚至对有条件实现迁徙目的的人采取默许态度。

但是这种相对温和的态度很快就因无法抑制的农民进城浪潮而发生改变。1957年12月，中共中央和国务院联合发布《关于制止农村人口盲目外流的指示》。从"防止"变为"制止"一方面说明人口外流的形势变得更为严峻，另一方面也表明，对人口流动的限制更为严厉。该文件的主要内容包括：乡人民政府和农业合作社不得随便开发人口外出的证明信件；在铁路沿线和交通要道设立劝阻机构，遣返外出农民；禁止对城市外来人口的粮食供应；严格控制自由市场，禁止农民弃农经商；禁止用人单位擅自招用工人或临时工。需要注意的是，上述政策虽然是为了应对特殊事件出台的，但是由于制度性原因，特殊事件随时都可能成为普遍事件，相关的临时政策便随之常态化甚至制度化。例如，基层政府不能随便签发人口证明、用人单位不可擅自招收临时工、禁止向城市外来人口供应粮食等后来都成为常态政策，并存续到改革开放之初。

1958年1月9日，毛泽东签署主席令，公布全国人大常委会通过的《中华人民共和国户口登记条例》。《条例》对乡城迁移与其他迁移进行了区分，并对前者规定了更严格的程序：只有在获得城市部门的用工证明、学校录取证明或户口机关的迁入证明后，农村居民才可以办理将户口迁往城市的相关手续。与之前的户口迁移程序相比，除了需要迁出地的审批意见，更增加了获得国家企事业单位或户口主管机关的接收证明。考虑到人口迁移很少受到迁出地的约束，迁入地的接收则成为乡城迁移的决定条件。因此，1958年《条例》使公民个人不再掌握迁移的决定权，因而部分违背了1954年宪法对公民拥有"居住和迁徙的自由"的规定。

由于户口管制最直接的目的是保证国家对城市户籍人口的资源供应，因此，如果流动人口的生活不需要国家负担，户籍管理部门就不会进行严格管制。一五计划的顺利完成极大增强了党和政府快速完成工业化的信心。在接下来的二五计划中，工业发展指标被大幅提高，随之开始了以大规模快速工业化为特征的大跃进运动。大量工业企业开始大量吸纳农村劳动力。大跃进的前三年（1958、1959和1960年），城镇人口累计增加3100万，其中约2900万来自农村转移人口，如图3-1所示。

但是，随着大跃进造成的经济困难日益严重，经济计划指标不得不进行缩减，并遏制工矿企业大规模招工的势头。为此1959年1月，中共中央发布了《关于立即停止招收新职工和固定临时工的通知》，要求各单位停止招工，未来的招工应严格根据劳动计划展开。而各省市和自治区1959年的劳动力计划则必须报请中央批准，超过原计划的招工亦须中央批准。从而进一步

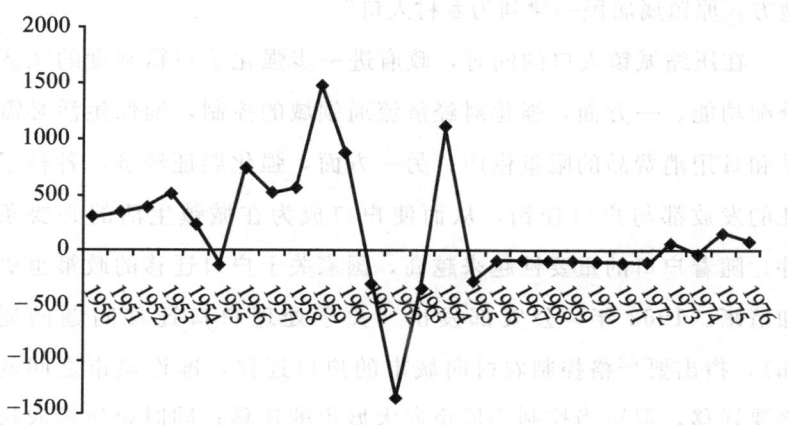

图 3-1　改革开放前我国城镇人口的机械增长情况

注：数据来自《中国统计年鉴—1983》。机械增长数＝总城镇人口增量—城镇人口自然增长增量。城镇人口自然增长增量根据全国人口自然增长率计算。

收紧了用人单位的招工自主权。由于经济政策失误，城乡经济不协调现象日益明显，加上1959年、1960年我国粮食连续减产，农村出现大规模饥荒，城市粮食供应出现危机，不得不压缩城镇人口规模。1961年，中共中央发出《关于减少城镇人口和压缩城镇粮食销量的九条办法》，要求全国城镇人口只减不增，三年内要减少城镇人口两千万以上，在这个过程中，中央与地方共同清查黑人黑户，核实城镇尤其是大城市人口，确保做到人粮相符。1962年到1963年6月，不仅城镇人口净减少1600万，城镇数量也减少了239个，其中市的数目减少29个，镇的数目减少210个。在此基础上1963年中共中央、国务院发出《关于调整市镇建制、缩小城市郊区的指示》[①]，要求"在撤销了镇建制的

---

① 其内容包括：城镇人口压缩之后，除省级国家机关所在地外，市总人口不足10万的撤销市建制，市农业人口比重超过20%的应压缩郊区范围，建制镇的人口标准由2000人调高到3000人，同时增加镇建制的非农业人口标准为2100人。

地方，原镇属居民一律列为乡村人口"。

在压缩城镇人口的同时，政府进一步强化了户籍制度的经济分配功能。一方面，强化对经济流通领域的控制，确保生活必需品和日用消费品的限量供应；另一方面，强化票证经济，各种票证的发放都与户口挂钩，从而使户口成为在城镇生活的必要条件。随着户口的重要性越来越高，国家关于户口迁移的政策也更加清晰。1963年，公安部发出《关于处理户口迁移问题的通知》，指出要严格控制农村向城市的户口迁移，准许城市之间的必要迁移，但适当控制小城市向大城市的迁移；同时要压缩农村吃商品粮人口，动员其参加农业生产。而对城市向农村迁移的情形，应一律准许落户。同年，公安部按照是否吃国家计划供应的商品粮，把全国统一的居民常住户口分割成农业户口和非农业户口。

由于人口流动的目的总是追求更好的生活环境、更高的收入水平，符合经济规律的人口流动必然是从农村到城市，从中小城市向大城市。因此，公安部的户口迁移政策显然是逆规律调节，其主要目的是控制大城市的人口规模。这种控制政策的一个隐含假定是，城市存在人口规模极限，但是农村的人口承载力是无限的。然而事实是，农业投资不足加之农业集体化打击了农民积极性，农业劳动生产率极为低下，农业部门的人口边际产出递减非常明显。这进一步加剧了城乡收入差距，增加了城市人口的压力，如图3-2和图3-3所示。

（三）1966—1980年：户籍制度的停顿和强化

十年"文化大革命"对户籍制度产生了复杂的影响。造反派夺权及之后的各种武斗对各级行政机关造成强烈冲击，包括户籍

图 3-2　改革开放前我国城乡居民消费水平（当年价格）

数据来源：根据《新中国六十年统计资料汇编》计算。

图 3-3　1952—1976 年我国城乡人均 GDP 指数（1952＝100）

数据来源：《中国统计年鉴—1983》。

管理在内的日常工作难以进行。在混乱的无政府状态下，人口迁移的限制骤然变小。

1966年8月1日，毛泽东写信支持红卫兵运动，提出"造反有理"，支持红卫兵的"革命行为"。1966年9月5日，中共中央、国务院发布了《关于组织外地高等学校革命师生、中等学校革命学生代表和革命教职工代表来京参观文化大革命运动的通知》，通知宣布全国所有大中学校学生和革命教职工代表，分期分批来京交流革命经验和相互支援。革命师生乘坐火车、在京饭费一律由国家财政开支。通知发出后，轰轰烈烈的红卫兵大串联遍及全国。在几乎一切消费都需要票证的时代，红卫兵饮食、住宿、乘车却一律免费，从而使红卫兵成为凌驾于户籍制度之上的一个群体，在短时期内突破了户籍制度对迁徙自由的全方位限制。更为深刻的是，"文革"前中期的红卫兵大串联，使得人口流动不仅不再受到限制而且受到鼓励。到了"文革"中后期，上山下乡运动则使中国出现了大规模的逆城市化现象。

1971年11月，国务院发出了《关于改革临时工、轮换工制度的通知》，规定已经在常年性的生产、工作岗位工作的临时工可以改为固定工，并且将临时工转正的决定权下放到了地方。于是，大量农村劳动力由临时工变成正式工，1971年，仅上海一地就有10.5万人转正。由于城镇人口大量下乡，城市用工需求出现缺口，加之地方用工自主权的扩大，各地区从发展经济的需要出发，开始允许企事业单位招收农民补充劳动力。农村人口进城导致城镇人口呈现波动增长的特征，并且城镇人口增长率超过了农村，如图3-4所示。

"文革"结束后，各级城市积累了大量黑户人口。人户分离甚至无户籍人口的大量存在对城市治安构成重要挑战。加之，中央政府认为农村人口进入城市将对农业生产造成不利影响，同时增加城市负担。因此，新政府延续了之前严格控制城市人口规模的

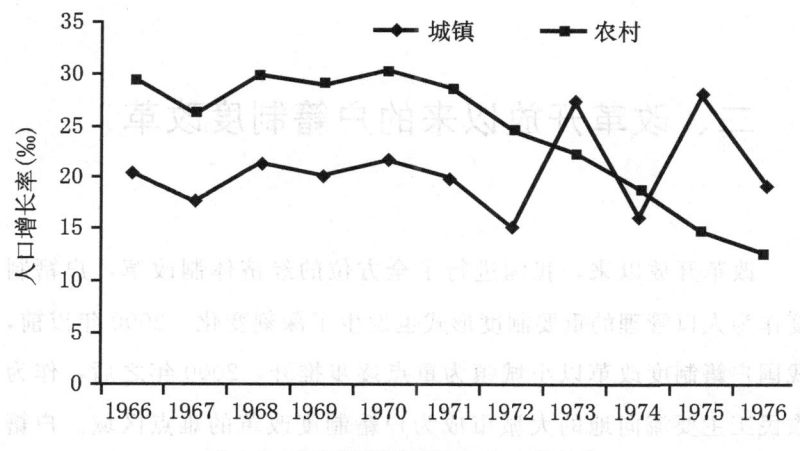

图 3-4 文革期间我国城乡人口增长率

数据来源:《新中国六十年统计资料汇编》。

政策,在《中华人民共和国户口登记条例》的基础上进一步收紧了对户口迁移的控制。

1977 年 11 月,国务院批转《公安部关于处理户口迁移的规定》,要求各地党委和政府动员城镇闲散人员回乡从事农业生产。文件在《中华人民共和国户口登记条例》的基础上,对人口迁移进行了更严格的规定,城市户口的封闭程度达到顶峰,《条例》中包括:(1)农村人口与市镇职工、居民结婚,仍不能转为市镇户口,子女也只能农村落户;(2)市镇职工在农村的父母,不能获得市镇户口;(3)城市临时工、合同工、轮换工及亦工亦农人员不得获得市镇户口;(4)县及县以下集体所有制职工不能由农村户口转为吃商品粮户口;(5)社队工业劳动者不能转为吃商品粮人口。该规定在进一步收紧城市户口的同时,首次提出"非农业人口"的概念,并要求严加控制农业人口转为非农业人口,"农转非"成为广大农村人口梦寐以求的目标。

二、改革开放以来的户籍制度改革

改革开放以来,我国进行了全方位的经济体制改革,户籍制度作为人口管理的重要制度形式也发生了深刻变化。2000年以前,我国户籍制度改革以小城镇为重点逐步推开,2000年之后,作为农民工主要流向地的大城市成为户籍制度改革的难点区域。户籍制度改革由小城镇向大城市逐步推进,为我国彻底消除人口迁徙的制度障碍积累了大量经验,也为下一阶段的改革指明了方向。

(一) 1980—2001年:小城镇为重点的改革

改革开放后,农村经济蓬勃发展,乡镇工商业吸引了大量农村人口,经济发展形势的变化要求户籍管理的相应调整。1984年10月,国务院发布《关于农民进入集镇落户问题的通知》,规定凡在集镇务工、经商、办服务业的农民和家属,在集镇有固定住所,有经营能力,或在乡镇企事业单位长期务工,准落常住户口,发给《自理口粮户口簿》,统计为非农业人口。这次改革具有两个显著特点:一是,落户之后的新城镇人口虽然具有城镇户口,但是并不能完全享受原城镇人口的相应福利。拥有自理口粮簿的居民只能购买加价商品粮,而无法像原城镇居民那样享受计划供应的商品粮。二是,新城镇居民完全断绝与农村的联系。农民在转为非农业户口后必须事先办好承包土地的转让手续。这两个特点使之与之后的历次户籍改革都有显著差别。

随着户籍制度的松动和人口城镇化的迅速发展，地方政府对农转非的控制日益松动，部分地区甚至出现买卖户口的现象。非农业人口的迅速增长给城镇粮食供应和基础设施造成了巨大压力。为此，国务院在1989年发布《关于严格控制"农转非"过快增长的通知》，要求加强"农转非"的审批管理，严格执行中央"农转非"政策，对地方自行制定的"农转非"政策进行清理。通知明确了"农转非"是指"由农业户口转为非农业户口，并由国家按照市镇粮食定量供应办法供应口粮"。中央严格控制农转非说明短缺经济的存在仍然是控制城市户口指标的重要原因。

随着商品经济的迅速发展，城市中涌现出大量非国营粮店，极大地满足了城市粮食需求。由于粮食需求不再绝对地依赖于城市户口，人口流动便利性迅速提高。人口在不同区域之间、城市和农村之间频繁流动，形成大量人户分离现象。为了便利户籍管理，1984年4月，国务院发布《中华人民共和国居民身份证试行条例》，并首先在北京、上海、天津等大城市进行试点。1985年9月《中华人民共和国居民身份证条例》由全国人大常委会审议通过，我国身份证制度正式确立。身份证制度使我国户籍管理由单一的户管理向人户结合的管理方式转变，有效提高了对流动人口的管理效率。

与此同时，为加强对流动人口的登记管理推出了"暂住证"制度。1985年7月，公安部发布《关于城镇暂住人口管理的暂行规定》以应对城镇流动人口日益增多的局面。《规定》要求"暂住拟超过三个月的十六周岁以上的人，须申领《暂住证》。对从事建筑、运输、包工等集体暂住时间较长的，由这些单位的负责人登记造册，及时报送公安派出所或户籍办公室，登记为寄住户口，发给《寄住证》"。

如果说身份证制度是我国户籍制度与国际接轨的体现,那么暂住证制度则是我国户籍制度为应对城镇化而进行适应性改革的产物,它修改了《中华人民共和国户口登记条例》中关于"暂住的时间超过三个月应向户口登记机关申请延长时间或者办理迁移手续"的规定,而且取消了无理由外出应返回常住地的规定。随着城镇化的推进,暂住证逐渐制度化,在流动人口较多的大城市则成为流动人口管理的主要制度形式。

通过身份证制度和暂住证制度,户籍制度的人口统计和管理功能重新得到加强,但是,由于户籍制度所内含的福利不平等现象并未消除。因此,城市户口的供需矛盾并未得到根本解决。为了缓解"农转非"需求过大与指标过少之间的紧张关系,1992年10月,在邓小平南巡讲话精神的鼓舞下,国务院批转由公安部拟就的《关于实行当地有效城镇居民户口的通知》,允许小城镇、经济特区、经济开发区、高新技术产业开发区的农村人口以有效城镇居民户口落户,享受与城镇人口的同等待遇。与传统户口簿盖红色印章不同,有效城镇居民户口一般盖蓝色印章,因此又称"蓝印户口"。通知发出后,广东、浙江、山东、山西、河北等十多个省先后以省政府名义下发了实行"当地有效城镇居民户口"的通知。

蓝印户口被视作户籍制度改革的过渡性举措。它具有一定期限内可以转正、不可迁移等特点。在大城市获得"蓝印户口"的前提是在当地投资、购买一定面积的商品房或被城市单位聘用。[①]在多数实施蓝印户口的大中城市,获得"蓝印户口"还需要缴纳数额不等的"城市增容费""基础设施增容费"等,目的是控制人口流入规模,同时为改善城市基础设施筹集资金。从获得蓝印户

---

① 参见《上海市蓝印户口管理暂行规定(1998)》。

口的条件看,蓝印户口的实施目的主要是吸引投资和拉动房地产业发展。这种工具性决定了蓝印户口只能是户籍改革过程中的一个插曲。

1993年,国家取消粮票,标志着粮食计划供应制度的终结,附着在城镇户口上的粮价补贴也随之消失。这是户籍制度改革过程中的第一次利益剥离。从此,粮食供应压力不再构成制约人口流动的因素,城乡人口流动更加频繁。

1993年十四届三中全会通过了《中共中央关于建立社会主义市场经济体制若干问题的决定》,提出"逐步改革小城镇的户籍管理制度,允许农民进入小城镇务工经商,发展农村第三产业,促进农村剩余劳动力的转移"。根据十四届三中全会精神,1997年6月,国务院批转公安部《小城镇户籍管理制度改革试点方案和关于完善农村户籍管理制度的意见》,规定试点地区的农村户口人员如果"在小城镇已有合法稳定的非农职业或者已有稳定的生活来源,而且在有了合法固定的住所后居住已满两年的,可以办理城镇常住户口",与之共同居住的直系亲属,可以随迁办理城镇常住户口";"在小城镇范围内居住的农民,土地已被征用、需要依法安置的,可以办理城镇常住户口";在落户之前,农民须放弃农村承包地和自留地,"凭收回承包地和自留地的证明,办理在小城镇落户手续"。根据试点方案,各地选择了382个小城镇进行试点,两年内共有50多万农民办理了城镇户口。①

小城镇试点取得了良好成效,不仅没有出现原来担心的"一哄而起""进城热""建城热"等现象,而且促进了小城镇商品经济的发展。这进一步增强了决策者彻底放开小城镇户口的信心。2000年6月,《中共中央、国务院关于促进小城镇健康发展的若干

---

① 何伟:《小城镇户籍改革》,《人民日报》2001年9月17日,第2版。

意见》提出，自 2000 年开始，所有在县级市市区、县级人民政府驻地和县以下城镇有合法固定住所、稳定职业和生活来源的农民，均可自愿转为城镇户口，享受与城镇居民同等待遇，对在小城镇落户的农民，不可收取增容费等费用。

在逐步放开小城镇落户限制的同时，关于户口迁移的约束也开始松动。1998 年，公安部公布《关于解决当前户口管理工作中几个突出问题的意见》，允许婴儿随父母一方自愿落户，放宽夫妻在对方城市落户、父母随子女落户等方面的限制。这是对 1977 年国务院批转《公安部关于处理户口迁移的规定》的一次修正。另外，《意见》提出"在城市投资、兴办实业、购买商品房的公民及随其共同居住的直系亲属，凡在城市有合法固定的住所、合法稳定的职业或者生活来源，已居住一定年限并符合当地政府有关规定的，可准予在该城市落户"。根据该政策，各地城市随后纷纷出台政策，允许外地户籍人口以投资、购房等方式获得当地城镇户口。

2001 年，国家粮食储备局宣布，从 5 月 1 日起，不再办理《市镇居民粮食供应转移证明》，附着在户口上的粮油关系彻底退出历史舞台。

2001 年《国务院批转公安部关于推进小城镇户籍管理制度改革意见的通知》进一步落实了上述意见，明确规定了小城镇户籍制度改革的实施原则、实施范围、落户条件和工作要求。规定小城镇户籍管理制度改革的范围为县级市市区、县人民政府驻地镇及其他建制镇。已在小城镇办理的蓝印户口、地方城镇居民户口、自理口粮户口等，统一登记为城镇常住户口。《通知》还对试点方案进行了修正，主要包括：

第一，从原来的"指标控制"到"完全自愿"。试点方案要求"试点小城镇农村人口办理城镇常住户口，实行指标控制，指标由国家计委商财政部、公安部、农业部等有关部门另行下达"。《通知》则要求"凡在上述范围内有合法固定的住所、稳定的职业或生活来源的人员及与其共同居住生活的直系亲属,均可根据本人意愿办理城镇常住户口"。"对办理小城镇常住户口的人员,不再实行计划指标管理"。

第二,取消退还承包地和自留地的落户前提。试点方案要求在小城镇落户的农村人员需凭收回承包地、自留地的证明,办理小城镇落户手续。退还承包地和自留地不仅会直接减少落户人员的物质收入,更会增加对未来的不安全感,影响农民落户的积极性。在小城镇社会保障尚不健全的情况下,自留地、承包地可以部分代替社会保障的功能。为此2001年《通知》修改了这项要求,改为"根据本人意愿可保留其承包土地的经营权,也允许依法有偿转让"。

第三,取消"连续居住两年以上"的落户前提。试点方案要求落户人员需在小城镇居住满两年。其主要考虑是将落户人员限制在已经具有城镇生活条件和居住习惯的人员中,避免农民盲目涌入城市。而各地试点表明,小城镇的吸引力并没有原来人们设想的那么强。而且,小城镇与农村之间在各方面的差距并不大,农民既不会因为一纸城镇户口而盲目搬进小城镇,小城镇也不会因为农民进入而出现任何混乱。限制两年居住期限已经没有多少实际意义。为此,2001年的《通知》取消了该条款。

(二)2001年以来:分类改革全面推进时期

改革开放以来,我国的户籍制度改革更多是针对经济社会发展需要进行的适应性制度变革。因此市场经济发展最早的东部大城市往往是全国户籍制度改革的先行者。这种地方实践为全国性的制度变革积累了经验，一些做法和模式甚至被推广到全国各地。例如，1983年深圳市推出的暂住证，在两年之后被公安部认可并以《关于城镇暂住人口管理的暂行规定》的形式在全国推行。① 同时，由于东部大城市的经济发展速度最快，面临的制度约束也最强，在中央出台"松绑"政策之后，这些城市往往以最快的速度推广和落实，如在国务院批转实行当地有效城镇居民户口后，上海、深圳、广州等城市就率先推出"蓝印户口"，鼓励"购房落户"和"投资落户"。2001年之后，我国小城镇户口已完全放开，大中城市成为户籍制度改革的主攻方向。由于这些城市具有小城镇难以比拟的吸引力，在发展经济的同时还面临控制人口规模的任务，因而这些城市同时还是户籍制度改革的难点。

在调整户籍政策的同时，部分省市开始尝试取消户口的二元划分。2001—2005年，河北、辽宁、山东、广西等省市相继取消了农业户口和非农业户口的二元划分，统一城乡户口登记制度，统称"居民户口"；北京上海等地也开始了本市农业人口转为非农业人口的尝试。在总结地方经验的基础上，2005年10月29日，公安部召开全国治安管理工作会议，讨论取消农业和非农业的二元划分方法，建立城乡统一的户口登记制度。

2006年，国务院14个部门组成6个调研组，在全国12个省市展开户籍改革综合调研。通过调研认为，我国已经具备了深化户籍改革的有利条件，户籍改革的时机基本成熟。② 自此，全国性的配套改革逐步出台，户籍制度改革进入中央与地方协同推进阶段。

2009年，《国务院办公厅关于加强普通高等学校毕业生就业工

---

① 李南玲：《深圳从今年6月1日起办理暂住证将实施新规定》，中新网，2002年5月23日。

② 程红根、任力波、黄会清：《户籍制度改革期待回归本位》，《中国改革报》2007年2月2日，第8版。

作的通知》提出，进一步清理影响高校毕业生就业的制度障碍，除直辖市外，各地在招收非本地户籍的高校毕业生时，应取消落户限制。此举彻底解决了高校毕业生在非直辖市城市的落户问题，户籍制度改革目标开始转向促进以农民工市民化为核心的城镇化。2010年，在上海、深圳等大城市试行居住证的基础上，《国务院批转发展改革委关于2010年深化经济体制改革重点工作意见的通知》提出，进一步完善暂住人口登记制度，逐步在全国范围内实行居住证制度。2011年2月，针对各地户籍制度改革中的成就和问题，国务院办公厅发出《关于积极稳妥推进户籍管理制度改革的通知》。《通知》的内容包括三个方面。第一，强化中央对户籍制度改革的总体领导，要求"各地要按照国家有关户籍管理制度改革的政策要求和统一部署，统筹规划、扎实推进，不得各行其是、有禁不止"。第二，对全国户籍制度改革进行统筹规划，例如以稳定职业、合法住所和参保年限为基础条件，放开地级市落户限制。第三，对地方实践设定红线，如"农民工落户城镇，是否放弃宅基地和承包的耕地、林地、草地，必须完全尊重农民本人的意愿，不得强制或变相强制收回""今后出台有关就业、义务教育、技能培训等政策措施，不要与户口性质挂钩"等。

2011年5月，《国务院关于进一步做好普通高等学校毕业生就业工作的通知》指出，直辖市外各城市应取消高校毕业生落户限制。2013年《国务院批转发展改革委等部门关于深化收入分配制度改革若干意见的通知》，提出实行全国统一的社会保障卡、居住证制度，统筹市县区域和省内异地就医和即时结算，推进户籍制度改革和基本公共服务均等化。上述举措将有利于区域之间、城乡之间基本公共服务均等化，保障流动人口的福利权益，从而为大中城市户籍制度改革铺平道路。

三、户籍制度改革的地方实践

2000年以来,我国城镇化政策由限制大城市规模、积极发展小城镇,转向大中小城市协调发展,给大城市探索户籍制度改革道路提供了有利的政策环境。户籍改革进入中央宏观引导,地方探索实践的阶段。各地根据自身情况开展了各具特色的户籍改革探索,形成了具有代表性的户籍制度改革模式,其中以石家庄市、成都市、重庆市和广东省的户籍制度改革最具典型性。

表3-2 四个区域的基本情况比较

	行政区级别	人口流入压力	省内流动为主	辐射带动能力	沿海/内陆
石家庄模式	地级市省会	Ⅰ级	是	Ⅰ级	内陆
成都模式	副省级省会	Ⅱ级	是	Ⅲ级	内陆
重庆模式	直辖市	Ⅱ级	是	Ⅰ级	内陆
广东模式	省	Ⅲ级	否	Ⅲ级	沿海

注:Ⅰ级<Ⅱ级<Ⅲ级。

(一)全面放开的"石家庄模式"

在推进户籍制度改革的全国大中城市中,石家庄市是改革力度最大的大城市之一,在省会城市中,石家庄是率先推进户籍制度改革的排头兵。

1. 石家庄户籍制度改革的历程

2001年6月,石家庄市人民政府批转市公安局、市计委《关于我市市区户籍管理制度改革的意见》的通知,规定七类人员可以在石家庄市落常住户口,包括:(1) 市内六区有常住户口人员的配偶、直系亲属;(2) 市内六区农业户口妇女的婚生子女;(3) 在市内六区投资、兴办实业及经商的外地公民;(4) 工作满一年的管理人员和专业技术人员,以及工作满两年的合同制工人(含雇佣员工);(5) 在室内六区购买商品房的所有权人及其直系亲属;(6) 在市内有接收单位的本科以上师范类毕业生、大专以上非师范类毕业生及石家庄各县(市)、区生源中专生、外地生源的特殊专业中专生;(7) 2000年以前办理农转非的遗留人员以及建成区村民。

2003年9月,为了切实解决户口迁移和登记管理工作中的突出问题,石家庄市人民政府批转市公安局《关于深化我市户籍管理制度改革实施意见》的通知,进一步明确户籍制度改革的目标为打破城乡二元分割的户口管理结构,以合法固定住所为户口迁移基本条件,实现公民以实际居住地登记常住户口,建成"城乡统一的、适应社会主义市场经济体制需要的新型户籍管理制度"。主要内容包括:(1) 打破农业户口和非农业户口的二元划分,按照居住地和职业分为农村人口和城镇人口,统一登记为居民常住户口;(2) 取消户口审批和指标管理,代之以落户条件;(3) 进一步放宽落户和户口迁移条件,如稳定的职业不再成为落户的必要条件,只要具有或能够证明具有稳定经济收入也可以落户;引进人才则不受无固定住所和工作年限的限制。

2010年，石家庄市人民政府《关于进一步深化我市户籍管理制度改革的意见》进一步放宽了落户条件。包括：（1）在城镇基本落户条件中取消具有"稳定职业"的要求。① （2）扩大随迁人员范围。满足市区落户条件的省内人员，其子女、配偶及夫妻双方父母均可随迁落户，满足市区落户条件的省外人员，其配偶和子女可随迁落户；满足落户条件的省内人员，其配偶及双方直系亲属可随迁落户；满足落户条件的省外人员，其配偶及未成年子女可随迁落户。（3）高校毕业生落户不再以在城市就业为前提条件，可先落户后就业。（4）实行人才居住证制度。不愿转户的外地人才在办理居住证后可享受户籍居民的同等权益。

2011年，石家庄市公安局出台《关于加快城市化进程深化户籍制度改革有关问题的意见》，进一步简化和降低落户条件：在石家庄全市范围内购置住房并实际居住，或者在石家庄市区或县（市）城区合法经营或连续缴纳养老保险或连续务工6个月，均可申请办理本人、配偶、未达到法定婚龄及无独立生活能力的子女和双方父母随迁落户。对无合法住所人员，进一步放宽人才落户、立户条件，降低单位集体户设立和落户条件等。

2. 石家庄户籍制度改革的特点

第一，户籍制度改革内容全面、彻底。根据新出台的落户条件，对于一个外地人而言，即使没有足够的学历、没有个体户的资金、没有直系亲属可以投靠、没有自己的住房，只要能够在石家庄市打工满两年就可以成为标准的石家庄市民。如此大的改革力度在全国省会城市中都极为少见，而且石家庄的户籍新政并未

---

① 2003年公布的基本落户条件为："具有合法固定住所、稳定职业或生活来源。"

产生人们担心的人口过度膨胀及基础设施不堪重负等问题。

第二，户籍制度改革副作用小。石家庄户籍制度改革带来的人口冲击只发生在最初的两年。非农业人口数量在 2001 年增长 12%，2002 年增长 21%，但是 2003 年便回落到 6%，略高于户籍改革之前 2000 年的水平。2003 之后，石家庄市非农业人口增速都稳定在 3% 左右的较低水平，如图 3-5 所示。

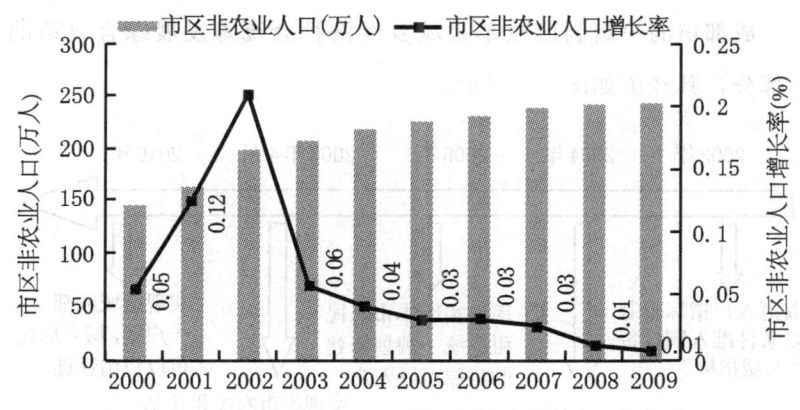

图 3-5　石家庄非农业人口增长情况（2000—2009）

数据来源：2000 年—2010 年《石家庄统计年鉴》。

此外，新增人口对基础设施的压力微乎其微。截止到 2003 年 6 月，石家庄办理落户人数为 44.7 万人，其中就地农转非的占 68%，务工人员占 19%，两项之和占总数的 87%（王文录，2003）。换言之，新增落户人口中 87% 的人一直都在使用石家庄市的基础设施、医疗和教育资源，他们的落户没有给石家庄带来任何新增的基础设施压力。在户籍人口激增的前三年中，真正要求城市增加公共服务供给的人口仅为 5.8 万人，这个数字仅占 2000 年市区总人口的 3.48%。

(二)城乡统筹的"成都模式"

中国的户籍制度内含了不平等性。这种不平等主要体现为区域不平等和城乡不平等。作为内陆大都市的成都,其户籍制度改革主要解决的问题是本地区的城乡户籍人口的权利和福利不平等。

1. 成都户籍制度改革的过程

成都市的户籍制度改革是城乡经济社会统筹发展综合改革的一部分,其经历如图3-6所示。

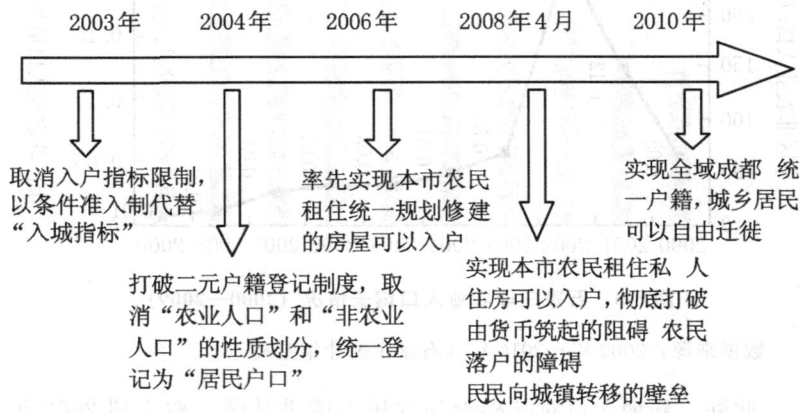

图3-6 成都市户籍制度改革历程

资料引自王阳:《破除城镇化进程中人口自由流动的制度障碍——对典型城市户籍制度改革实践的比较与启示》,《劳动经济评论》2013年第6卷,第59页。

2003年起,成都市开始实施以推进城乡一体化为核心的城乡统筹综合发展战略。2003年5月,《成都市人民政府批转市公安局关于调整现行户口政策意见的通知》公布,以引进人才、改善投资环境为目的,进行户口政策调整。调整内容包括:取消落户的指标限制,以准入条件代替入城指标;分区域规定落户条件,中心六区落户类别分为人才引进、投资购房、就转业、投亲四类，其余区县以固定住所、稳定职业或生活来源为基本条件全面放开落户；大幅降低本地农转非条件；取消"蓝印户口""自理口粮户口""寄住户口"等。

2004 年 2 月，中共成都市委、成都市人民政府联合发布《关于统筹城乡经济社会发展推进城乡一体化的意见》，提出全面推进城乡就业和社会保障制度一体化、基础设施建设一体化、社会事业发展一体化和城乡政策措施一体化。城乡一体化的推进将为城乡一元化户籍制度改革奠定坚实基础。2004 年 4 月，成都市提出按照"降低门槛、放宽政策、简化手续"原则，深化户籍改革，逐步完善一元化户籍管理制度，取消农业户口和非农业户口划分，统称"居民户口"。农村人口在登记为"居民户口"后，可保留土地承包经营权。①

2006 年，中共成都市委、成都市人民政府联合发布《关于深化户籍制度改革深入推进城乡一体化的意见（试行）》，首次放开租房入户，成都户籍农民连续租住统一规划修建的房屋且在同一房屋居住 1 年以上即可办理常住户口。同时还进一步放宽了市外人员落户条件，如暂住满 3 年，有合法固定住所且与成都市用人单位签订劳动合同并不间断缴纳 3 年以上社会保险的市外人员，可登记本人、配偶和未成年子女的常住户口。

2008 年 4 月 11 日，成都市公安局以新闻发布会的形式，放开本市农民工租住私人房屋入户。新政策规定，本市农民工租住成套私人产权住房，且产权人并未在此登记的，可按照一房一户原

---

① 参见《成都市人民政府办公厅转发市公安局关于推行一元化户籍管理制度实施意见的通知》，http：//www.chengdu.gov.cn/special/detail.jsp？id=70010

则登记入户,在登记城镇户口的同时不必注销农村户口。[①] 从而进一步消除了农民工落户的障碍。

2010年11月16日,成都市政府召开新闻发布会,宣布出台《中共成都市委、成都市人民政府关于全域成都城乡统一户籍实现居民自由迁徙的意见》。《意见》提出,彻底消除城乡户籍差异,实现户籍与居住相匹配,保障城乡居民平等享受基本公共服务和社会管理权益。具体意见包括:(1)建立户随人走,户随居转的户籍管理制度;(2)统一城乡失业保险待遇,农村无业人员进行失业登记,享受与城镇职工相同的就业援助和补贴;(3)非城镇户籍从业人员综合社会保险并入城镇职工社会保险,统一城乡社会保险制度;(4)住房保障体系实现城乡全覆盖,以多种方式解决住房困难;此外在低保标准、计划生育、义务教育、政治权利、退役安置等多个方面实现城乡统一。同时强调,市外人员入户与本市居民享受同等待遇。

2. 成都户籍制度改革的经验

成都的户籍制度改革是根据自身特点进行的渐进性和全面性改革。

第一,成都市户籍制度改革是"本地改革"。与沿海大城市不同,成都市地处内陆地区,外省市移民比例小,且腹地广大,户籍制度改革的主要目标是为本市农村劳动力转移排除障碍,其改革可以称作"本地改革"。"本地改革"需要支付的直接成本主要是弥补城乡之间政府支出差额。随着城乡发展水平趋近,改革的成本也逐渐降低。同时,由于外地移民少,人口规模的稳定性和可控性较高,有助于改革的稳步有序推进。

[①] 侯大伟:《成都农民租房也可入户城镇》,新华网,2008年4月11日。

第二，成都市户籍制度改革是渐进改革。最初的改革开始于 2003 年，在规定落户条件时对中心城区与其他地区做了区别对待：中心城区之外的地区基本取消了落户门槛，而中心城区则设定了较高落户门槛以吸引人才，同时避免外来人口盲目涌入。2006 年开始允许本地农业人口通过租住公共出租房落户，同时放宽市外人口落户条件。2008 年进一步允许本市农民通过租住私人产权房入户。2010 年最终实现城乡完全统一的户籍制度。

第三，成都市户籍制度改革是综合配套改革。户籍制度改革的核心是消除附着在户籍上的权益不平等和身份不对等。这就要求，户籍制度改革既要改户籍身份这个面子，更要改居民权益这个里子。在实现全域成都自由迁徙之前，成都市在逐步放开落户限制的同时，持续增加公共投入，在住房保障、社会保险、义务教育、农村土地、最低生活保障等多个领域进行全方位的配套改革，为户籍制度的彻底改革提供制度保障。

第四，成都市户籍制度改革是城乡同步推进的改革。腹地广阔，农业人口比重大的特点决定了成都市必须从城市和农村两个维度加强投入，在增强城市的吸纳能力的同时，减弱农村对人口的推力，借此保证农村人口的有序城镇化。为此，自 2003 年开始，成都市投入大量资金缩小城乡教育差距，统一城乡医保、弥合社会保障差距，使成都市城乡人均公共服务投入差距从 2004 年的 1542.8 元缩小到 2009 年的 136.2 元，为实现全域成都自由迁徙提供了根本保障（王阳，2013）。

（三）一步到位的"重庆模式"

1. 重庆户籍制度改革的背景

重庆市是典型的大城市带大农村。2010 年，重庆市 3300 万总人口中，非农业人口仅占33.5%。① 多达66.5%的农业人口家庭年人均收入不到5300元，城乡居民收入比达3.6∶1。② 而同年成都市的城乡居民收入比为2.5∶1。大量的农村人口、巨大的城乡收入差异使重庆面临比其他地区更严峻的城镇化压力。

2010年之前，重庆市先后进行了放开小城镇落户限制、下放落户审批权、改落户审批制为户口准入制等户籍政策调整，并在2006年进一步放松本市户籍农村居民落户城镇的准入条件。然而，常住人口城镇化率与户籍人口城镇化率之间的差距仍在扩大，说明深入改革户籍制度已经刻不容缓。2009年，重庆被确定为"国家统筹城乡综合配套改革试验区"，在统筹城乡的土地利用制度、统一城乡劳动就业制度、转变公共服务提供方式等方面拥有先行先试的权利。在"国家统筹城乡综合配套改革试验区"的政策框架下，2010年7月25日，重庆市人民政府发布《关于统筹城乡户籍制度改革的意见》，正式启动重庆户籍改革。

2. 重庆户籍制度改革的特点

大规模的农业转移人口。根据重庆户籍制度改革的总体目标，2010—2011年，重庆市将新增城镇户籍居民300万，2011—2020年，每年转移80万~90万农村人口，到2020年新增城镇户籍居民700万。因此，重庆市将用10年的时间完成1000万人的城镇化任务。根据规划，这1000万人将以30%到主城区，30%到区县，40%到乡镇的态势实现梯次落户。

一步到位的身份转换。重庆户改旨在解决进城农民工落户问题和郊区县农民城镇化问题，主要特点是农民落户城镇将实现一步到位。一方面，农民落户后将一步到位拥有养老、医疗、教育、

---

① 《2010年重庆市经济和社会发展统计公报》。
② 《2011年重庆统计年鉴》。

住房、就业等公共福利；另一方面，在三年的过渡期后，农民需要放弃在农村的宅基地、林权地、承包地等权益，从而实现身份和职业的彻底转换。

改革成本的三方承担。重庆市长黄奇帆估计，重庆户籍制度改革至少需要 4000 亿改革资金。为了分担消化这些成本，重庆按照谁受益谁负担的原则，设计了"企业—政府—社会"三方分担机制，同时将绝大部分投入在 15～20 年的时间里逐步安排到位，实现多方分担、长期消化。

土地流转，多方获益。为了充分挖掘土地价值，重庆市在农民市民化过程中，发明了土地弹性退出机制、地票交易制度，以市场机制盘活存量耕地，促进土地要素高效流转。农民市民化释放了更多土地，地票交易则促进了土地升值。升值收益一方面反哺农民，另一方面则为农民市民化筹集了资金，有利于人口城镇化的持续推进。

公共投入以城镇为中心。重庆的城镇化具有三个特点：第一，重庆是典型的"小马拉大车"城镇化，城市的带动能力明显不足。第二，重庆市农村地区开发条件差，人口布局分散，基础设施利用效率低。第三，重庆市拥有多层次的城镇体系，通过合理布局城镇建设投入，能够最有效地吸纳农村劳动力。基于上述三点，在成都市加大农村地区公共投入，缩小城乡公共服务差距的时候，重庆市将主要财力投向城镇地区，大力推进城市扩容。

3. 重庆户籍制度改革的挑战

自 2010 年 8 月启动户改以来，至 2012 年 1 月，重庆转户农民累计达到 322 万。重庆官方宣布户籍改革的第一阶段任务已经完成。重庆户籍制度改革进入常态化时期。但是已经专户的 300 多万新城市人以及将在未来 18 年转入的 700 万人将给城市带来巨大挑战。

首先，创造就业压力。根据计划，到2020年，重庆将增加1000万城镇户籍人口。新落户人口在退还宅基地、林权地和承包地后，其生活来源将全部依赖于城市的就业岗位。这意味着重庆市需要在15年左右的时间里创造约700万个稳定的就业岗位，其中近500万个岗位还将分配给就业吸纳能力有限的中小城市和小城镇，其难度可想而知。

其次，招商引资压力。创造就业岗位最直接的方法就是吸引新企业入驻。为了解决千万新增户籍人口的就业问题，重庆市需要以更大的力度开展招商引资工作。而与招商引资同时推进的则是就业培训、产业配套、制度体系的建设工作。这些作为户籍制度改革的后续保障将带来巨大的工作压力。

再次，城镇体系重构压力。为了吸纳700万新增城镇户籍居民，亟须对重庆市郊区县和小城镇的基础设施进行扩容，相应的居住配套设施如学校、医院、文化体育设施也需要增建或扩建。为了实现建设资源的优化配置，有必要挑选发展潜力大、开发条件好的小城镇进行优先开发，这意味着需要对城镇体系进行重构。

最后，社会保障压力。在户改开始的1年半时间里，重庆疾风骤雨式解决了300多万农村人口的城镇落户问题。但是，转户退地带来的一次性财富收入并不足以承担长期生活保障职能。随着城市生活时间的延长，农转城居民的消费习惯将从储蓄消费向信贷消费转变，加上农转城人口的就业竞争力偏弱，风险负担能力较低，社会支出压力将迅速增加。

（四）积分入户的"广东模式"

广东省是我国主要的农民工流入地之一。珠三角地区发达的外向型产业吸引了大量外来农民工，作为移民城市的深圳特区则面临严重的"人口倒挂"难题。因此，户籍制度改革的紧迫性在广东省体现得最为明显。作为我国改革开放的前沿，广东省同样是最早调整户籍政策的先行区之一。当前，广东城市户籍政策的主要特色是通过"积分入户"推进流动人口落户城镇。

1. 积分入户改革的背景

广东是我国农民工流向的重要目的地，"六普"数据显示，2010 年广东省省外劳动力人数约 2150 万人，占常住人口的 20.6%。广东还是我国城镇化最高的省份之一，2010 年末，广东省常住人口城镇化率达到 66.2%，比全国平均水平高 16.3 个百分点。然而，广东的城镇化是一种不完全城镇化，城市人口中有大量外地人口和农业人口，难以和本市城镇户籍人口享受同样的权益。因此，广东省户籍制度改革的主要目标是为外地农民工落户城镇消除体制障碍。

2. 积分入户改革的内容

2010 年，广东省政府办公厅发布《关于开展农民工积分制入户城镇工作的指导意见》，对农民工落户城镇的指导思想、指标体系、基本原则做出了明确规定，广东省正式启动农民工积分入户。2011 年，广东省发布《关于进一步做好农民工积分制入户和融入城镇工作的意见》，将积分入户政策适用对象进一步覆盖城镇户籍人员。

所谓"积分入户"是指，办理广东省居住证的流动人口可以对照省市制定的评分标准将自身条件折算为相应分数，当分值累积到一定标准后就可以与其他申请者竞争所在城镇的落户指标，落户指标将按照分值由高到低分配给申请者。落户指标分为全省统一指标和各市自定指标，前者包括个人素质、参保情况、社会贡献及减分指标，后者则包括住房情况、纳税投资等。其积分入户指标构成如图3-7所示。

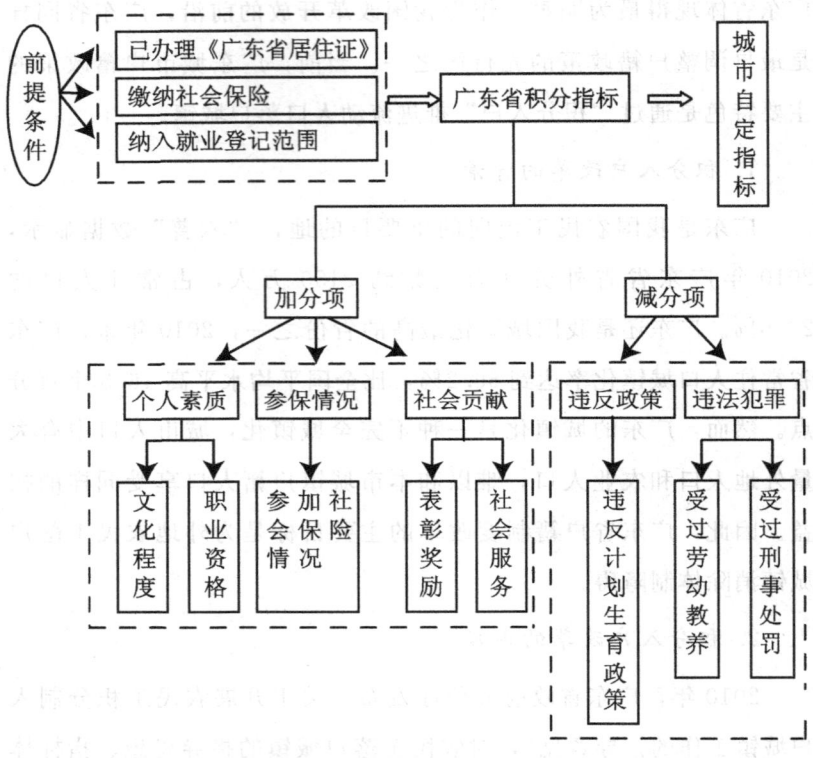

图3-7　广东省积分入户指标构成

广东省积分入户遵循"总量控制、因地制宜"的原则。对申请者而言，既有60分的门槛约束，又有全省每年10万个指标的总量约束。在指标分配上，"重点向中小城市和县城、中心镇倾斜"，通过积分优惠和社会保险优惠，鼓励农民工落户县城、中心镇。因此，流动人口达300余万的省会广州市每年仅获得3000个入户指标，而小城市中山市2013年的入户指标则有3600个。① 截止到2012

---

① 李刚：《积分入户，珠三角城门开多大》，中国共产党新闻网，2013年10月11日。

年 2 月 21 日，广东全省已有 29.4 万名外来务工人员落户城镇。①

3. 积分入户改革的缺憾

第一，重城市轻农村。广东省积分入户的配套措施主要集中在城镇，目的是促进农民工融入城镇。这一方面是因为 2010 年广东省常住人口城镇化率已经达到 66.2% 的较高水平。城镇化的工作重点是充分消化城镇常住人口，实现不完全城镇化向完全城镇化的转型。另一方面，作为人口流入第一大省，2010 年广东省的省外人口占全省城镇常住人口的 30%，占所有流动人口的 68%。这使广东省难以针对省外人口推行城乡统筹的配套改革。

第二，重人才轻人口。广东省积分入户指标中，加分项主要包括个人素质、参保情况和社会贡献三项，总分值最高为 400 分。其中只有参保情况和社会贡献中的社会服务与个人能力无关，而这部分总分值不超过 80 分。而且在指标分配中，总指标数量过少，大城市指标更少，使得入户竞争异常激烈，过高的分值门槛使普通农民工望而却步。显然，广东省的积分入户政策更多是为了筛选人才，而非安置人口。

第三，重效率轻公平。从积分指标的构成看，积分指标中涉及劳动者学历背景、职业技能和荣誉奖励的分值占总分值的 80%。说明城市政府更偏爱劳动能力强、经济贡献大的劳动者。从落户指标的数量看，广东省每年的积分入户指标只有 10 余万人，仅占 2010 年流动人口总数的 0.32%。落户指标少极大限制了改革受益者的数量。偏重技能型人才、落户指标少的特点说明，改革的政策指向是以尽量少的政府支出，换取尽量优秀的人才，以促进城市经济增长，显然，这项改革具有明显的重效率轻公平的特征。

---

① 是冬冬：《广东积分入户两年：门槛重重，中山市指标连续两年没用光》，《东方早报》2012 年 3 月 28 日，第 A32 版。

第四，重控制轻疏导。积分入户是对户口审批制的渐进改革，一方面，通过设定多种积分指标，拓宽了农民工的落户渠道；另一方面，残留了明显的计划痕迹。不仅"总量控制"的原则事实上保留了城市落户的计划性，而且偏重技能型人才、高学历人才的指标设计也将绝大部分农民工挡在城市大门之外。尽管分配指标时向中小城市倾斜，农民工落户小城镇也可以得到各种优惠，但是，在缺乏区域平衡的配套措施的情况下，人口向大城市迁移的趋势仍然难以遏制。

（五）地方改革模式的评价

上述四个案例在发展水平、改革特点、地理区位、行政级别等方面都具有典型代表性。石家庄模式代表了中等发展水平的内陆大城市在推进户籍制度改革方面的探索经验。地处京津外围的地理区位使石家庄面临较小的外来人口流入压力，而京津地区的虹吸效应则使石家庄面临人才不足的困局。特殊的地理位置和发展环境使石家庄在迅速放开落户限制的同时不会带来人口超载问题，同时还有助于吸引外来人才，促进城市发展。

成都模式代表了周边发展条件较好的西部大都市通过统筹城乡发展突破户籍制度桎梏的探索经验。成都市具有外来人口少、城市发展水平高、对周边地区带动能力强等特点，有条件通过大规模财政投入弥补城乡公共服务差距，为实现人口自由迁徙扫除障碍。成都市的改革经验表明，在外来人口压力较小的情况下，从城乡两个维度渐进、统筹推进土地—户籍联动改革具有现实可行性。

重庆模式代表了存在周边贫困带的大都市高速推进农民市民化的探索经验。重庆市具有城乡发展差距大、中心城区相对弱小的特点。为了迅速推进农民市民化，重庆市实施了计划色彩浓郁的分区域落户控制和土地退出-户籍福利联动改革，力图将大部分待转户农民引导至中小城镇落户，同时置换出农村闲置土地。由于改革环节多、范围广、规模大、联动性强、资金准备不足，重庆市户籍制度改革还面临很多挑战。这说明，在城乡发展差距大且政府财力有限的地区，应谨慎推进大范围、大规模、多环节的土地-户籍联动改革。

广东"积分入户"政策代表了东部发达地区推进外来人口落户城镇的政策探索。广东省大中城市普遍面临人口流入压力大、城市承载力不足、外省流动人口比例高的特点。外来人口的跨省流动增大了流入地城市推进户籍制度改革的难度，人口流入压力大又增加了城市超载的担忧。因此广东省推出的"积分入户"政策，主要目的是吸引人才和调控人口。一是留住人才，二是引导人口向中小城市落户。广东省的实践表明，在东部地区人口流入压力不减的情况下，统筹推进跨区域人口的市民化问题仍然面临较大困难。

四、本章小结

本章回顾了我国户籍制度的演变历程，并将之大致分为两个时期。第一个时期为户籍制度的形成时期，第二个时期为户籍制度改革时期。其中，户籍制度的形成时期可以分为三个阶段，第一个阶段为新中国成立之初到三大改造完成，是户籍制度的酝酿时期；第二阶段为三大改造完成到"文革"开始，为户籍制度的形成和固化时期；第三个阶段为文革开始到改革开放，是户籍制度的崩溃和强化时期。

改革开放以来，我国户籍制度进入改革时期，主要特征是逐渐放松户籍制度对人口迁移的控制，逐步剥离附着在城镇户籍之上的福利项目。改革开放以来的户籍制度改革分为两个阶段，2001年以前以中小城镇为主，2001年之后则进入分类改革和全面推进阶段。从总体上看，我国的户籍制度改革具有渐进性和多样性的特点。渐进性体现在最初的户籍制度改革缺少顶层规划，而是根据现实情况的需要进行适应性的政策调整，因而表现出先易后难、摸索推进的特点。例如，2001年以前我国的户籍制度改革以小城镇为主，并且在短时间内就实现了农民自由进城和放开小城镇户口，2001年之后作为难点的大城市户籍改革则被提上日程。多样性体现在我国户籍制度改革充分尊重各地具体情况，地方先行先试与中央协调统筹推进，从20世纪90年代的当地有效城镇居民户口到后来各大城市普遍推广的暂住证、居住证等都是地方探索尝试的结果。

从地方实践看，我国户籍制度改革的地方探索已经产生积极成效，并且初步形成了具有典型代表性的四种改革模式，分别是全面放开的石家庄模式、城乡统筹的成都模式、一步到位的重庆模式和积分入户的广东模式。其中，成都市的改革最彻底、保障措施最全面、改革副作用也最小，是通过城乡统筹突破户籍制度桎梏的成功案例；重庆市的改革力度最大、涉及范围最广、推进速度最快，改革过程也备受争议，未来的改革成效需要进一步观察；石家庄市在全面放开落户限制之后并未遭遇难以承受的人口流入压力，说明对许多中西部大城市而言，户籍制度的象征意义已经超过实际意义,彻底取消落户限制不仅不会限制城市发展,反而有助于城市吸引人才和劳动力。与其他三个案例不同,广东省面临跨省人口流入的巨大压力,"积分入户"改革是流入地的人才需求与流入人口的落户需求进行妥协的产物,最终形成了重效率、轻公平的改革现实。尽管改革成果并不尽如人意,但是对跨省流动人口市民化这个复杂难题而言,积分入户改革仍不啻为一个积极探索。

第四章　户籍歧视影响城市经济增长的理论分析

　　户籍制度的核心功能是人口登记和管理。我国的户籍制度则从核心功能出发，进一步扩展为包含资源分配功能的歧视性制度体系。户籍歧视主要有 3 种表现：第一，公共资源分配的不平等性，主要表现为非户籍人口与户籍人口相比的福利缺失；第二，曾经广泛存在如今仍未完全消失的针对户籍人口的就业保护，它间接导致对非户籍人口的逆向歧视；第三，在以准入条件取代户口审批之后，大城市的落户条件往往包含较高的教育水平和职业技能要求，导致作为待落户人口主体的农业转移劳动力无法落户，事实上形成了对普通劳动力的权利漠视和人力资本歧视。因此，大城市的高落户门槛又扮演了人才筛选机制的角色。① 由此观之，户籍除了具有基本的人口管理功能外，还具有资源分配和人才筛选的"特殊功能"，而这些特殊功能正是户籍制度能够对我国城乡发展产生深远影响的主要原因。改革开放以来的户籍制度改革使针对人口迁移的户籍限制逐渐消失，但是由歧视性公共福利与城

---

　　① 参见广东省的积分落户指标，见第三章。

市落户门槛所代表的资源分配功能、人才筛选功能仍然影响着人们的迁移成本和迁移意愿，并且深刻影响了城市经济增长。

一、经济机理分析

户籍制度的歧视性对城市经济增长的影响是通过三条路径实现的。

第一，基于户籍制度的歧视性公共资源分配压低了非户籍人口的实际收入，加剧了户籍居民与流动人口之间的收入不平等。收入不平等同时具有人口挤出效应和物质资本积累效应。这是因为，首先，收入不平等会缩小务工收入与务农收入的差距，弱化城市的"拉力"，同时较低的收入也会弱化流动人口的城市生存能力，强化城市的推力，二者相结合形成了人口挤出效应；其次，收入不均等机制在特定历史时期有可能促进储蓄率的提高，从而增加资本积累，形成物质资本积累效应（关于这种效应的存在，可参见第二章第三节）。

第二，大城市落户条件中包含的人才素质门槛事实上造成了对普通劳动力的权利漠视，形成落户权利的不平等，进而使不平等的公共福利供给机制延续下去。此外，落户条件中内含的人才筛选需求试图以户口换人才、实现城市所需人才的永久性迁移和人力资本集聚，因此，城市落户条件中的人力资本歧视在一定程度上能够促进城市的人力资本集聚。

第三，尽管户籍歧视具有物质资本积累和人力资本集聚功能，但是户籍歧视造成的收入不平等和落户权利不平等都意味着这些经济功能都具有明确的不合法性和不可持续性。户籍歧视造成的最直接后果是社会不公导致的社会矛盾激化和社会冲突增强,这将直接导致社会内耗和财富浪费。如果考虑到户籍歧视对教育投资的弱化、对人口迁移的阻碍、对区域分割的强化等,那么户籍歧视造成的负面效果将极为深远。

图 4-1 为户籍歧视对城市经济增长的影响机理。

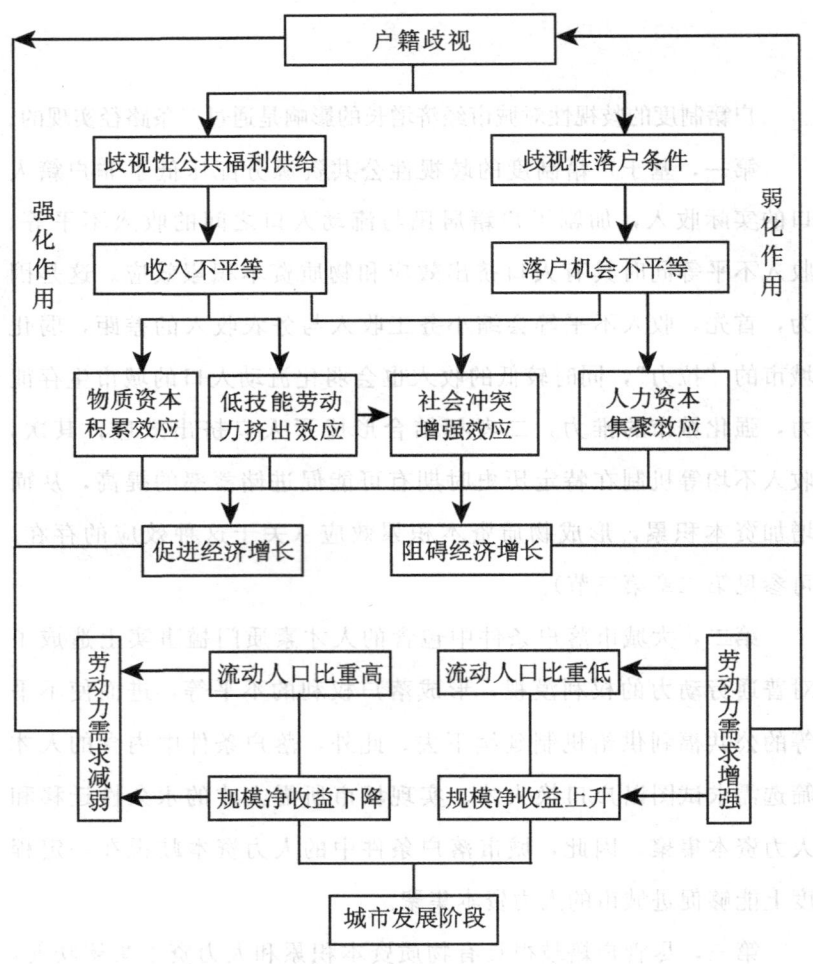

图 4-1 户籍歧视对城市经济增长的影响机理

在探讨户籍歧视对城市经济增长的影响时，需要考虑两个外生因素。第一是城市发展阶段。在城市发展的初期，城市基础设施利用率低，集聚人口能够有效提高公共设施利用效率，形成规模收益，此时，户籍歧视会对城市发展起阻碍作用，因此城市政府倾向于在新开发的城市地区，如各类城市新区和开发区，出台特殊的人口和就业政策以鼓励外来人口进入。第二是劳动力供求状况。当城市劳动力需求旺盛，且劳动力供给趋紧时，会更注意保障外来劳动力的合法权益，以保证相对稳定的劳动力供应；当劳动力供给旺盛时，城市管理者容易忽视外来劳动力的权益保护问题，而对于一些行政级别较高的超大城市，资源环境的承载力约束越来越紧，更多的外来劳动力往往被视作负担。因此，维持甚至强化户籍歧视政策往往成为不言自明的选项。

因此，户籍歧视对城市经济增长同时具有正面影响和负面影响。户籍歧视对经济增长的正面影响将促使决策者维持甚至强化户籍制度的歧视性，而负面影响将促使决策者弱化甚至消除户籍歧视。正反两方面相互作用的结果将影响户籍制度改革的前景。

本章将分三部分讨论户籍歧视对城市经济增长的影响：第一部分，构建一个包含城乡两部门的城市化模型，并探讨户籍制度和人力资本因素对城市规模的影响，而后者直接影响着城市经济增长效率；第二部分，转向城市内部，讨论户籍歧视通过收入不平等机制和人力资本筛选机制对城市经济增长造成的复杂影响，动态最优化分析将揭示大城市户籍制度改革缓慢的经济根源，并指出户籍歧视将可能发生的内生变迁；第三部分，在两城市框架下讨论单个城市进行户籍政策调整对本市及另一个城市的经济增长产生的一系列影响，这将有助于揭示城市户籍政策调整在城市竞争中的特殊意义。

二、理论分析的起点：城市化中的户籍制度

我国城乡二元分割的户籍制度诞生于计划经济时代，其重要的制度功能之一是控制乡城移民的规模和节奏（参见本书第三章）。接下来我们将使用静态最优化方法分析户籍制度所内含的公共福利歧视、人力资本歧视对城市人均收入的影响。首先，我们将建立一个完全市场条件下的简单城市化模型，探讨在不存在户籍限制、不考虑城乡人力资本差别的情况下，均衡城市规模与城市最优规模的差别，这将有助于我们理解在城市化的不同阶段，户籍制度及户籍政策调整具有的特殊意义；其次，我们将讨论在存在城乡人力资本差异的情况下，户籍居民的人力资本水平和城市资本存量对城市规模的影响，鉴于规模效益对城市经济增长的重要性，这种讨论有助于我们理解户籍歧视在城市经济增长中的重要意义。

（一）简化的城市化模型

假设只有一个城市，农村人口为 N，城市户籍人口标准化为 1，城市新移民为，城市总人口为 $L=1+M$。农村物质资本存量标准化为 1，城市物质资本存量为 ϕ，$\phi>1$。考虑到城市规模效应的存在，令城市人口规模的产出弹性大于 1，于是得到城市生产函数为：

$$Y_u = (1+M)^{\beta+1} \phi^{1-\gamma}, \text{ 其中 } 0<\beta<\gamma<1 \qquad (4\text{-}1)$$

在城市化初期，存在近乎无限供给的农业剩余劳动力，在一定时期内，农村剩余劳动力的转移并不会影响农业生产效率(Lewis, 1958)，于是可以合理地假设农村人均收入为常数。同时，在城市化初期城市规模较小，城市拥挤成本可以忽略不计。假定城市部门均按照劳动力数量平均分配收入，则均衡的城市规模为：

$$F=(1+M)^{\beta}\phi^{1-\gamma} \qquad (4-2)$$

令城乡居民总收入 $I=(N-M)F+(1+M)^{\beta+1}\varphi^{1-\gamma}$。等号两边对求导可得一阶条件 $F=(\beta+1)(1+M)^{\beta}$，此时城市规模为最优规模。

令均衡城市化的城市人口规模为 L_1，城乡居民收入最大化的城市人口规模为 L_2，则：

$$L_1^{\beta}\phi^{1-\gamma}=(\beta+1)L_2^{\beta}\phi^{1-\gamma} \qquad (4-3)$$

已知 $1+\beta>1$。因此有 $L_1>L_2$。

即城市最优规模小于城市均衡规模。这说明，在城市化率较低、农村人口规模庞大、城市数量不足的背景下，农村人口的大量进城容易形成城市规模过度扩张。这也说明了户籍制度在特定时期具有的正面意义。

随着农村剩余劳动力的逐步转移，在耕地总量不变的情况下，农业劳动生产率将随着人口的减少而提高。于是，我们可以合理地假定农村生产函数为 $Y_1=(N-M)^{\alpha}$。假设农业部门和城市部门均按照劳动力数量平均分配收入，则均衡的城市规模由下式决定：

$$(N-M)^{\alpha-1}=(1+M)^{\beta}\phi^{1-\gamma} \qquad (4-4)$$

令城乡居民收入最大化，

$$\max I=(N-M)^{\alpha}+(1+M)^{\beta+1}\phi^{1-\gamma} \qquad (4-5)$$

则有一阶条件，

$$-\alpha(N-M)^{\alpha-1}+(\beta+1)(1+M)^{\beta}\phi^{1-\gamma}-\varphi(1+M)^{\varphi-1}=0 \quad (4\text{-}6)$$

令均衡城市化的城市流动人口规模为，城乡居民收入最大化的城市流动人口规模为，整理可得：

$$(N-\widetilde{M})^{\alpha-1}=(1+\widetilde{M})^{\beta}\phi^{1-\gamma} \quad (4\text{-}7)$$

$$\frac{\alpha}{\beta+1}(N-M')^{\alpha-1}=(1+M)^{\beta}\phi^{1-\gamma} \quad (4\text{-}8)$$

因此有：$M'>\widetilde{M}$，即，城乡收入最大化的城市规模大于城市均衡规模。这说明，在劳动力供给出现缺口时，实现人口的城市集聚更有利于提高城乡整体的经济绩效。

（二）简单扩展：考虑人力资本和城市拥挤成本

在上文的简化模型中，我们并未考虑城乡人力资本差异，也未考虑城市特有的拥挤成本造成的效率损失。接下来我们将人力资本差异纳入城市化模型，同时考察拥挤成本在城市规模扩张中的意义。首先，我们令农村人口的平均人力资本水平标准化为1，其中乡城移民，即城市非户籍居民的平均人力资本水平为。城市户籍平均人力资本水平为。[①] 借鉴 Lucas（1988）的做法，以劳动力数量与平均人力资本水平的乘积代表有效劳动力。由此得到城市部门生产函数为 $Y_u=(K+Mh)^{\beta+1}\phi^{1-\gamma}$，农村生产函数为 $Y_r=\sum_{1}^{N-M}h_{ri})(N-M)^{\alpha}$ 其中，h_{ri} 代表农村中第个劳动力的人力资本

---

① 一般而言，外出农民工的受教育水平高于本地农民工。参见《2012年全国农民工监测调查报告》。

水平。这意味着人力资本在农业部门同样发挥作用,且人口越少劳动生产率越高。其次,假设农村不存在拥挤成本,城市居民承受的拥挤成本为 $C=L^{\varphi}$,其中 φ 为拥挤系数,且 $\varphi>1+\beta$,$\varphi>2-\alpha\geqslant 3/2$。①

我们假设在完全市场机制下,每个城市居民都是一个独立的生产单位,其生产函数为:$y_{ui}=h_i[K+Mh]^{\beta}\phi^{1-\gamma}$,其中 y_{ui} 既是总产出也是个人总收入。h_i 代表第 i 个个体的人力资本水平,K 为城市户籍人口的平均人力资本水平,h 为城市非户籍人口的平均人力资本水平,ϕ 为城市物质资本存量。后面三个变量不会因为单个个体的加入而改变,因此是不变的外在要素。这个生产函数其实包含了一个极为重要的假定,即个人收入仅和两个因素有关:第一,个人的劳动技能,即人力资本水平;第二,城市发展基础,包括平均人力资本水平、人口规模、物质资本存量等。因此,当农村居民做出迁移决策,他只会关注上述两方面的因素。在这种情况下,其预期的个人收入为 $y_{uj}=h_j[K+Mh]^{\beta}\phi^{1-\gamma}$。

为简单起见,我们假设城乡收入差距是唯一影响乡城移民的因素。在城市发展的初期,或者在城市还没有饱和的时候,农村人口会为了追求更高的收入和生活水准而进入城市。在完全市场机制下,由于城市对外来人口的接纳程度是无差别的。同样为简

---

① $\varphi>1+\beta$ 是为确保城市存在规模极限。$\varphi>2-\alpha\geqslant\frac{a}{2}$ 是为了确保城市拥挤成本的斜率大于农村人均收入的斜率。此项规定的理由是,农村人均收入对人口的斜率为 $(1-\alpha)(N-M)^{\alpha-1}$,城市拥挤成本对人口的斜率为 $(\varphi-1)(1+M)^{\varphi-2}$,若 $(1-\alpha)(N-M)^{\alpha-1}<(\varphi-1)(1+M)^{\varphi-2}$ 在任何时候都成立,需要三个条件:(1) $\varphi>2-\alpha$;(2) $\varphi>\alpha+1$;(3) 当 $(N-M)>(1+M)$ 时,$(1-\alpha)(N-M)^{\alpha-1}<(\varphi-1)(1+M)^{\varphi-2}$。假定中国城市化的起点为 33%,则 $(N-M)_{\max}=2$,相应的 $(1+M)_{\max}=1$,即 $(1-\alpha)2^{\alpha-1}<(\varphi-1)$,故有 $\varphi>2-\alpha$,表明条件 (2) 能够保证条件 (3)。综合条件 (1) 和条件 (2) 可得 $\varphi>2-\alpha\geqslant\frac{3}{2}$。

单起见,我们假设无户籍管制情形下的所有迁移都是永久性迁移,即不存在城市人口向农村的回流。在无差别接纳的情况下,不同人力资本水平的农业转移人口到城市定居的机会是相等的,于是,农业转移人口的平均人力资本水平为 $h=1$,即相当于农村平均人力资本水平。在城市达到饱和的时候,城乡人口迁移达到均衡。此时,对农村中的任何居民而言,都有:

$$h_{ri}(N-M)^\alpha = h_{ri}[K+M]^\beta \phi^{1-\gamma} - L^{\varphi-1} \tag{4-9}$$

根据式(4-1)可以发现,城市拥挤系数 φ 与城市新增人口规模 M 成反方向变动,即拥挤成本提高将缩小城市人口规模。

式(4-1)等号两边对求导可得:

$$-\alpha h_{ri}(N-M)^{\alpha-1}\frac{\partial M}{\partial K} = \beta h_{ri}[K+M]^{\beta-1}\phi^{1-\gamma}\left(1+\frac{\partial M}{\partial K}\right)-(\varphi-1)L^{\varphi-2}\frac{\partial M}{\partial K} \tag{4-10}$$

由于城市人力资本水平具有正外部性,即城市平均人力资本水平与城市人均产出正相关。因此式(4-2)等号右边为正。又因为 $\alpha<0$,因此 $\frac{\partial M}{\partial K}>0$,即户籍人口平均人力资本水平越高,城市能够吸纳的人口规模越大。同时,ϕ 越大,M 越大,意味着城市物质资本积累将有助于城市人口规模的扩张。

由此可以发现,合理的城市规模扩张必然伴随着相应的人力资本或物质资本水平的提高。计划经济时期,户籍制度的意义在于,通过人为调控城市规模扩张的节奏,寻找有利于城市经济增长的最佳人口规模。尽管有些矫枉过正,但是户籍制度的存在确实使中国城市避免了类似拉美国家的过度城市化困境。接下来我们要探讨的是,改革开放以来,随着户籍制度直接调控人口的能力逐渐减弱,户籍歧视是如何影响城市经济增长的。

三、户籍歧视与城市经济增长:单城市模型

户籍歧视对城市经济增长具有正反两方面作用。由于技术难度的限制,户籍歧视引发的社会冲突增强效应未能纳入数理模型的讨论,但是这并不意味着它的重要性低于其他因素。在分析模型结论时,本书仍会将社会冲突效应考虑在内,从而使分析结果更加贴近事实。接下来,我们将首先建立一个包含歧视性公共福利供给的户籍居民效用最大化模型,比较静态分析将揭示歧视性公共福利供给的经济增长效应,以及户籍政策可能发生的三阶段内生变迁过程;然后,我们将建立一个包含城乡人力资本差异的城市居民效用最大化模型,比较静态分析将揭示人力资本水平提升对城市经济增长产生的影响。

(一)公共福利歧视对城市经济增长的影响

在第一节简化的城市化模型中,人口的乡城迁移完全遵循市场机制,这种分析有助于我们认识在不同的农业剩余劳动力供给形势下,调整户籍政策的重要性。接下来,本书将建立一个基于户籍居民偏向的户籍居民效用最大化模型,以求揭示城市政府对流动人口执行户籍歧视的经济动机,以及随着城市经济增长户籍政策可能呈现的变迁方向。

首先,假设城市政府仅代表城市户籍人口的利益。该假设是基于两方面的考虑。首先,户籍居民具有排斥户籍制度改革的动

机,并拥有延缓改革的能力。户籍附着的排他性福利类似于俱乐部产品,户籍人口的迅速扩容将摊薄这些福利,或者提高其拥挤度(Buchanan,1965)。为此,户籍居民将以投票和抱怨的形式表达诉求,这不仅直接增大地方政府的施政压力,而且会使其在中央政府的考核中被"一票否决"(蔡昉、都阳、王美艳,2001)。

其次,户籍居民的诉求与城市政府的财政节流倾向契合。实施财政分权以来,地方政府财力缩小,无力实施均等化的公共福利分配政策(叶建亮,2006),加之长期以来形成的路径依赖,城市政府具有规避财政支出成本和改革成本并免费获取人口红利的政策冲动。

根据该假设,城市政府将对城市户籍人口与非户籍人口提供非均等的公共服务,进而造成实际收入的不均等。我们以 $\frac{1}{v}$ 代表收入不均等的程度或户籍歧视程度,其中 $0<v\leqslant 1$。以 θ 代表居民总收入占城市净产出的比重,其中 $0<\theta<1$。与前文保持一致,城市总人口为 $L=1+M$。不考虑城乡人力资本差异,城市户籍人口的人均收入为 $I_0=\theta(1+M)^\beta \phi^{1-\gamma}$,城市非户籍人口的人均收入为 $I_m=\theta v(1+M)^\beta \phi^{1-\gamma}$。

城市政府的任务是实现户籍居民的效用最大化。假设效用完全由消费决定,且消费效用存在边际递减,即 $U'(C)>0$, $U''(C)>0$。在无限期的时间内,城市政府面临的最大化问题为:

$$\max_{c,L} \int_0^\infty e^{-\rho t}(U(C))dt$$

s.t. $\dot{\phi}=Y-C-M\theta v(1+M)^\beta \phi^{1-\gamma}-\delta\phi$, $\phi(0)$, M。

此问题的现值汉密尔顿函数为:

$$H=U(C)+\lambda[(L-M\theta v)L^\beta \phi^{1-\gamma}-C-\delta\phi-L^\varphi]$$

最优化条件为:

$$\frac{\delta H}{\delta c}=U'(C)-\lambda=0 \tag{4-11}$$

$$\frac{\delta H}{\delta \phi}=\lambda[(1-\gamma)(L-M\theta\upsilon)L^{\beta}\phi^{-\gamma}-\delta]=\rho\lambda-\dot{\lambda} \tag{4-12}$$

库恩-塔克条件为:

$$\frac{\delta H}{\delta \phi}=\lambda\Big[[\beta+(1+M+\beta M)(1-\theta\upsilon)]\phi^{1-\gamma}-\varphi L^{\varphi-\beta}\Big]L^{\beta-1}\leqslant 0,$$

$$M\left(\frac{\partial H}{\partial M}\right)=0 \tag{4-13}$$

横截性条件为:

$$\lim_{t\to\infty}e^{-\rho t}\lambda\phi=0 \tag{4-14}$$

由约束条件及最优化条件 (4-11) 和 (4-12) 可知:

$$\dot{C}=[\rho+\delta-(1-\gamma)(L-M\theta\upsilon)L^{\beta}\phi^{-\gamma}]\frac{U'(C)}{U''(C)} \tag{4-15}$$

$$\dot{\phi}=(L-M\theta\upsilon)(1+M)^{\beta}\phi^{1-\gamma}-\delta\phi-L^{\varphi}-C \tag{4-16}$$

$\dot{C}=0$ 对应的曲线为: $(1-\gamma)(1-M\theta\upsilon)L^{1+\beta}\phi^{-\gamma}=\delta+\rho$

$\dot{\phi}=0$ 对应的曲线为: $C=(L-M\theta\upsilon)(1+M)L^{\beta}\phi^{1-\gamma}-\delta\phi-L^{\varphi}$

据此可得, 当户籍居民与非户籍居民收入相等时, $\dot{c}=0$ 和 $\dot{\phi}=0$ 的曲线分别为:

$$\rho+\delta=(1-\gamma)(L-M\theta\upsilon)L^{\beta}\phi^{-\gamma} \tag{4-17}$$

$$c=(L-M\theta\upsilon)L^{\beta}\phi^{1-\gamma}-\delta\phi-L^{\varphi} \tag{4-18}$$

换言之, 当时 $\upsilon<1$, 有:

$$\rho+\delta=(1-\gamma)(L-M\theta\upsilon)L^{\beta}\phi^{-\gamma} \tag{4-19}$$

$$c=(L-M\theta\upsilon)L^{\beta}\phi^{1-\gamma}-\delta\phi-L^{\varphi} \tag{4-20}$$

$$\frac{\partial c}{\partial \phi}=(1-\gamma)(L-M\theta\upsilon)L^{\beta}\phi^{-\gamma}-\delta \tag{4-21}$$

当 $\upsilon=1$ 时, 有:

$$(1-\gamma)(L-M\theta)L^\beta\phi^{-\gamma}=\rho+\delta \qquad (4-22)$$

$$c=(L-M\theta)L^\beta\phi^{1-\gamma}-\delta\phi-L^\varphi \qquad (4-23)$$

$$\frac{\partial c}{\partial \phi}=(1-\gamma)(L-M\theta)L^\beta\phi^{-\gamma}-\delta \qquad (4-24)$$

进一步可知，$\dot{c}(\upsilon<1)=0$ 在 $\dot{\phi}(\upsilon<1)=0$ 最高点的左侧；$\dot{c}(\upsilon=1)=0$ 在 $\dot{\phi}(\upsilon<0)=0$ 最高点的左侧；且 $\dot{c}(\upsilon=1)=0$ 也在 $\dot{C}(\upsilon<1)=0$ 的左侧。又因为 $(1-\gamma)(L-M\theta\upsilon)L^\beta\phi^{-\gamma}-\delta>(1-\gamma)(L-M\theta)L^\beta\phi^{-\gamma}-\delta$，所以曲线 $\dot{\phi}(\upsilon<1)=0$ 比曲线 $\dot{\phi}(\upsilon=1)=0$ 的斜率更大。

为了了解均衡解存在的可能性，我们在曲线 $\dot{C}(\upsilon<1)=0$ 的左侧，$\dot{\phi}(\upsilon=1)=0$ 的上方取任意点 $G(\phi',c')$。在曲线 $\dot{\phi}(\upsilon=1)=0$ 上取参照点 $M(\phi',c'')$，在曲线 $\dot{c}(\upsilon=1)=0$ 上取参照点 $N(\hat{\phi},c')$。可知，

$$\dot{\phi}(\phi',c'')=(L-M\theta\upsilon)(1+M)^\beta\phi'^{1-\gamma}-\delta\varphi'-L^\varphi-c''=0 \qquad (4-25)$$

$$\dot{\phi}(\phi',c')=(L-M\theta\upsilon)(1+M)^\beta\phi'^{1-\gamma}-\delta\phi'-L^\varphi-c'=c''-c'<0 \qquad (4-26)$$

即点 $G(\phi',c')$ 在水平方向向左移动。

又知，

$$\dot{C}(\hat{\phi},c')=[\rho+\delta-(1-\gamma)(L-M\theta\upsilon)L^\beta\hat{\phi}^{-\gamma}]\frac{U'(C)}{U''(C)}=0 \qquad (4-27)$$

$$\dot{C}(\phi',C')=[\rho+\delta-(1-\gamma)(L-M\theta\upsilon)L^\beta\phi'^{-\gamma}]\frac{U'(C)}{U''(C)} \qquad (4-28)$$

由于 $\phi'<\hat{\phi}$，故：

$[\rho+\delta-(1-\gamma)(L-M\theta\upsilon)L^\beta\phi'^{-\gamma}]<[\rho+\delta-(1-\gamma)(L-M\theta\upsilon)L^\beta\hat{\phi}^{-\gamma}]$，又由效用函数特性可知 $\frac{U'(c)}{U''(c)}<0$，故 $\dot{C}(\phi',c')>0$。

因此，点 $G(\phi', c')$ 在垂直方向向上移动。

由此可知对位于曲线 $\dot{C}(v=1)=0$ 左侧，$\dot{\phi}(v=0)=0$ 上方的任意点而言，其运动方向为左上方。以同样的方法可以获得物质资本和消费的动态相位图（如图4-2所示）。通过相位图可以发现，效用最大化模型存在一条鞍点路径，通向稳态均衡点为 E_0。在 E_0 点上消费和物质资本的增长率为零。

以同样方法可以得到时，鞍点路径的稳态均衡点 E_1，且 E_1 位于 E_0 的右上方。

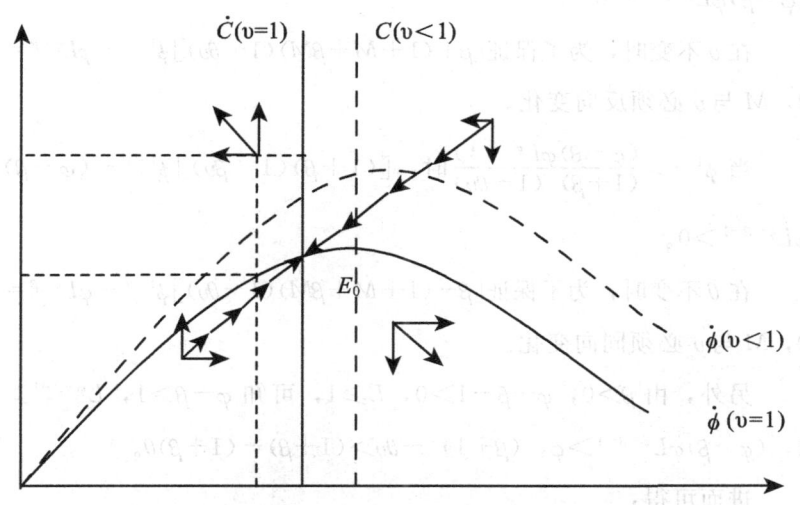

图4-2　收入不平等对城市资本和人均消费的影响

这说明，相对于无户籍差异的情形，户籍差异导致的收入不平等将提高均衡的城市物质资本存量和户籍居民消费水平。由此得到以下命题。

命题4-1：如果城市政府以经济增长和户籍居民利益为主要的政策考量因素，基于户籍差异的不均等公共福利分配机制将被维持甚至进一步强化。

又由式（4-13）的互补松弛条件可知：

当 $\phi^{1-\gamma} \leqslant \dfrac{\varphi}{(\beta+1)-\beta v}$ 时，$M=0$；当 $\phi^{1-\gamma} \geqslant \dfrac{\varphi}{(\beta+1)-\beta v}$ 时，$M>0$，且为的 $[\beta+(1+M+\beta M)(1-\theta v)]\phi^{1-\gamma}-\varphi L^{\varphi-\beta}=0$ 解。

关于 M 对 $[\beta+(1+M+\beta M)(1-\theta v)]\phi^{1-\gamma}-\varphi L^{\varphi-\beta}=0$ 等号两边求导得：

$$[(1+\beta)(1-\theta v)]\phi^{1-\gamma}-(\varphi-\beta)\varphi L^{\varphi-\beta-1}=0 \tag{4-29}$$

由此可知：当 $\phi^{1-\gamma}<\dfrac{(\varphi-\beta)}{(1+\beta)}\dfrac{\varphi L^{\varphi-\beta-1}}{(1-\theta v)}$ 时，$[(1+\beta)(1-\theta v)]\phi^{1-\gamma}-(\varphi-\beta)\varphi L^{\varphi-\beta-1}<0$。

在 θ 不变时，为了保证 $[\beta+(1+M+\beta M)(1-\theta v)]\phi^{1-\gamma}-\varphi L^{\varphi-\beta}=0$，$M$ 与 v 必须反向变化。

当 $\phi^{1-\gamma}>\dfrac{(\varphi-\beta)\varphi L^{\varphi-\beta-1}}{(1+\beta)(1-\theta v)}$ 时，$[(1+\beta)(1-\theta v)]\phi^{1-\gamma}-(\varphi-\beta)\varphi L^{\varphi-\beta-1}>0$。

在 θ 不变时，为了保证 $[\beta+(1+M+\beta M)(1-\theta v)]\phi^{1-\gamma}-\varphi L^{\varphi-\beta}=0$，$M$ 与 v 必须同向变化。

另外，由 $\beta>0$，$\varphi-\beta-1>0$，$L\geqslant 1$，可知 $\varphi-\beta>1$，$L^{\varphi-\beta-1}>1$，$(\varphi-\beta)\varphi L^{\varphi-\beta-1}>\varphi$，$(\beta+1)-\theta v>(1+\beta)-(1+\beta)\theta$。

进而可得：

$$\dfrac{\varphi}{(\beta+1)-\theta v}<\dfrac{(\varphi-\beta)\varphi L^{\varphi-\beta-1}}{(1+\beta)(1-\theta v)} \tag{4-30}$$

至此，我们发现，随着城市物质资本存量的变化，物质资本存量与流动人口规模之间的关系可以分为三个阶段（如图 4-3 所示）。

第一阶段：$\phi^{1-\gamma}\leqslant\dfrac{\varphi}{(\beta+1)-\theta v}$，城市部门无力提供额外就业机会，流动人口遭到绝对排斥。此时，城市就业机会与户籍属性直

第四章 户籍歧视影响城市经济增长的理论分析 | 101

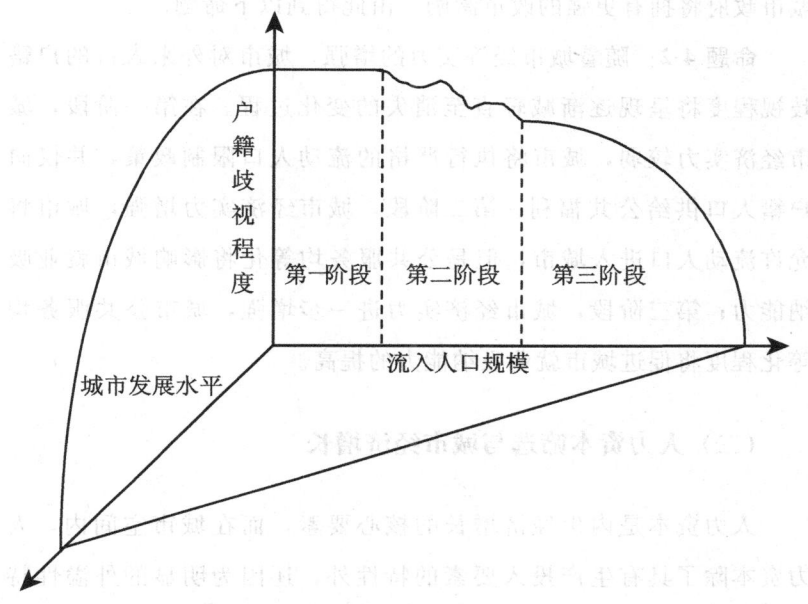

图 4-3 我国城市户籍政策的变迁过程

接挂钩，依托于户籍制度的就业制度、福利制度、消费品供给制度对人口流入实施最严厉的管制。

第二阶段：$\dfrac{\varphi}{(\beta+1)-\theta\upsilon}<\phi^{1-\gamma}<\dfrac{(\varphi-\beta)\varphi L^{\varphi-\beta-1}}{(1+\beta)(1-\theta\upsilon)}$，城市可以提供额外就业机会，但是外来人口数量与户籍歧视程度成正比。由于外来劳动力将直接促进城市经济增长，而降低户籍歧视程度则能促进社会公平、改善民生。于是，城市政府需要在经济效率与社会公平之间进行权衡。

第三阶段：$\varphi^{1-\gamma}\geqslant\dfrac{(\varphi-\beta)\varphi L^{\varphi-\beta-1}}{(1+\beta)(1-\theta\upsilon)}$，城市不仅可以为流动人口提供就业机会，而且将在吸引外来人口就业的同时，为外来人口提供更全面的公共服务。这个时期很可能意味着两种情境的叠加，其一，繁荣的经济为城市积累了大量财富；其二，劳动力无限供给的情形已经消失，城市经济依赖于外来劳动力的输入。此时，城市政府将拥有更强的改革激励。由此得到以下命题。

命题 4-2：随着城市经济实力的增强，城市对外来人口的户籍歧视程度将呈现逐渐减轻直至消失的变化过程。在第一阶段，城市经济实力较弱，城市将执行严格的流动人口限制政策，并仅向户籍人口供给公共福利；第二阶段，城市经济实力增强，城市将允许流动人口进入城市，但是公共服务均等化将影响城市就业吸纳能力；第三阶段，城市经济实力进一步增强，城市公共服务均等化程度将促进城市就业吸纳能力的提高。

（二）人力资本筛选与城市经济增长

人力资本是内生经济增长的核心要素，而在城市空间内，人力资本除了具有生产投入要素的特性外，还因为明显的外溢性特征，而对整体经济效率产生正外部性。因此，人力资本在城市经济增长中具有特殊意义。研究城市经济增长的文献往往会将城市空间内的人力资本集聚和积累问题作为重要问题予以探讨。遗憾的是，在现有文献中，多数研究将视野局限在城市已有人口的人力资本投资和积累方面，而较少关注在城市化背景下，农村移民的进入对城市人力资本水平的影响。接下来我们将从城市户籍门槛的视角探讨城市户籍制度的人力资本筛选机制对城市经济增长的影响。

令农村人力资本水平 h_r 标准化为 1，城市人力资本水平为 K，乡城移民人力资本水平为 κ。城市生产函数为 $Y_u = (K+M\kappa)^{\beta+1} \phi^{1-\gamma}$。假设农业部门中人力资本不发挥作用，则农村生产函数为 $Y_r = (N-M)^\alpha$。

假设农村居民中人力资本水平越高者进入城市的概率越大，进城农民的平均人力资本水平为 $\mu > 1$，则城市生产函数为 $Y_u = (K+M\kappa)^{\beta+1} \phi^{1-\gamma}$，农村生产函数为 $Y_r = (N-M)^\alpha$。

均衡城市规模由下式决定：

$$(N-M)^{\alpha-1}+(1+M)^{\varphi-1}=\frac{K+M}{1+M}(K+M\kappa)^{\beta}\varphi^{1-\gamma} \quad (4\text{-}31)$$

若上式的解为：$M=M^*$，$\mu=\mu^*$。当 $M+\beta\kappa M^2+M\kappa-(M\kappa-2-\beta M\kappa+K)K\geqslant 0$ 时，若有 $\kappa=\kappa'>\kappa^*$，则必有 $M'>M^*$ 使 $(N-M')^{\alpha-1}+(1+M')^{\varphi-1}=\frac{\kappa+M'}{1+M'}(K+M'\kappa')^{\beta}\phi^{1-\gamma}$。因此，提高城市平均人力资本水平有助于增强城市吸纳能力，提高城市规模。

假设城市政府对所有城市居民提供均等化的公共服务，则城市政府在决定开始城市化时最重要的考虑就是该政策能够最大化城市居民的效用。假设城市居民的效用由消费决定，以 $U(C)$ 表示。原城市居民数量为1，新增数量为 M，$1+M=L$，则城市居民的人均消费为：

$$c=\frac{1}{L}(Y-I) \quad (4\text{-}32)$$

城市资本增量为：

$$\dot{\phi}=Y-C-\delta\phi-L^{\varphi} \quad (4\text{-}33)$$

城市政府的最大化问题为：

$$\max_{c,L}\int_0^{\infty}e^{-\rho t}(U(c))dt$$

$s.t.\ \dot{\phi}=Y-cL-\delta\phi-L^{\varphi}$，$\phi(0)=\phi_0$，$M\geqslant 0$。

此问题的现值汉密尔顿函数为：

$$H=U(c)+\lambda[(K+M\kappa)^{\beta+1}\phi^{1-\gamma}-cL-\delta\phi-L^{\varphi}]$$

最优化条件为：

$$\frac{\partial H}{\partial c}=U'(c)-\lambda L=0 \quad (4\text{-}34)$$

$$\frac{\partial H}{\partial \phi}=\lambda[(1-\gamma)(K+M\kappa)^{\beta+1}\phi^{-\gamma}-\delta]=\rho\lambda-\dot{\lambda} \quad (4\text{-}35)$$

库恩-塔克条件为

$$\frac{\partial H}{\partial m}=\lambda[(\beta+1)\kappa(K+M\kappa)^{\beta}\phi^{1-\gamma}-c-\varphi L^{\varphi-1}]\leqslant 0, \; m\left(\frac{\partial H}{\partial m}\right)=0 \tag{4-36}$$

横截性条件为:

$$\lim_{t\to\infty}e^{-\rho t}\lambda\phi=0 \tag{4-37}$$

互补松弛条件可得:

$$(\beta+1)\kappa K^{\beta}\phi^{1-\gamma}-\varphi<c \tag{4-38}$$

当 $c>(\beta+1)K^{\beta}\phi^{1-\gamma}-\varphi$ 时,$m=0$,当 $c\leqslant(\beta+1)K^{\beta}\phi^{1-\gamma}-\varphi$ 时,$m>0$,由此得到以下命题。

命题 4-3:无论物质资本 ϕ 提高还是人力资本水平 K 提高,都可以催生城市人口扩张的动力。

根据式 (4-32) 和式 (4-33) 计算可得:当 $\kappa>1$ 时 $\dot{c}=0$ 和 $\dot{\phi}=0$ 的曲线分别为:

$$(1-\gamma)(K+M\kappa)^{\beta+1}\phi^{-\gamma}=\delta+\rho \tag{4-39}$$

$$c=(K+M\kappa)^{\beta+1}\phi^{1-\gamma}L^{-1}-\delta\phi L^{-1}-L^{\varphi-1} \tag{4-40}$$

同理可得,当 $\kappa=1$ 时 $\dot{c}=0$ 和 $\dot{\phi}=0$ 的曲线分别为:

$$(1-\gamma)(K+M)^{\beta+1}\phi^{-\gamma}=\delta+\rho \tag{4-41}$$

$$c=(K+M)^{\beta+1}\phi^{1-\gamma}L^{-1}-\delta\phi L^{-1}-L^{\varphi-1} \tag{4-42}$$

因此,当 $\kappa=1$ 时,有 $(1-\gamma)(K+M)^{\beta+1}\phi^{-\gamma}=\delta+\rho$,$c=(K+M)^{\beta+1}\phi^{1-\gamma}L^{-1}-\delta\phi L^{-1}-L^{\varphi-1}$,$\frac{\partial c}{\partial \phi}=(1-\gamma)(K+M)^{\beta+1}\phi^{-\gamma}L^{-1}-\delta L^{-1}$;

当 $\kappa>1$ 时,有 $(1-\gamma)(K+M\kappa)^{\beta+1}\phi^{-\gamma}=\delta+\rho$,$c=(K+M\kappa)^{\beta+1}\phi^{1-\gamma}-\delta\phi L^{-1}-L^{\varphi-1}$,$\frac{\partial c}{\partial \phi}=(1-\gamma)(K+M\kappa)^{\beta+1}\phi^{-\gamma}-\delta L^{-1}$。

进一步可知,$\dot{c}(\kappa=1)=0$ 在 $\dot{\phi}(\kappa=1)=0$ 最高点的左侧;$\dot{c}(\kappa>1)=0$ 在 $\dot{\phi}(\kappa>1)=0$ 最高点的左侧;且 $\dot{c}(\kappa>1)=0$ 在 $\dot{c}$

($\kappa=1$)=0 的右侧。又因，$(1-\gamma)(K+M\kappa)^{\beta+1}\phi^{-\gamma}L^{-1}-\delta L^{-1}>(1-\gamma)(K+M)^{\beta+1}\phi^{-\gamma}L^{-1}-\delta L^{-1}$，所以曲线 $\dot{\phi}(\kappa>1)=0$ 比曲线 $\dot{\phi}(\kappa=1)=0$ 斜率更大。从相位图分析可知：随着城市新增人口人力资本水平的提高，城市物质资本和人均消费的稳态均衡点 E_0 将移动到右上方的 E_1。由此得到以下命题。

命题 4-4：随着城市人力资本水平的提高，城市常住人口的均衡消费水平和物质资本存量都将得到提高（如图 4-4 所示）。这意味着，落户门槛内含的人力资本筛选机制将提高城市收入水平，从而维持甚至强化城市对外来人口的吸引力。城市政府试图以落户门槛抑制城市规模扩张的政策目标可能因此而被抵消。

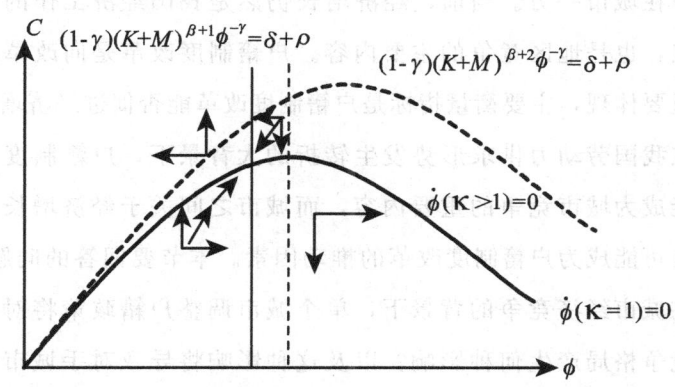

图 4-4 外来人口人力资本水平对城市资本和人均消费的影响

四、户籍歧视与城市经济增长：两城市模型

户籍制度通过落户门槛直接影响劳动力流动，通过歧视性公共福利分配形成差异化的收入分配格局间接影响劳动力流动。劳

动力则是企业布局的主要依据，因而是城市竞争的重要对象（安虎森、邹璇，2007）。因此户籍制度成为城市竞争劳动力资源的重要制度依托。而实证研究也表明依托户籍制度进行劳动力资源竞争已经成为城市竞争的重要方面（汪立鑫、王彬彬、黄文佳，2010）。

近年来频频出现的民工荒说明，至少在局部地区我国劳动力供给已经出现缺口，这不仅意味着人力资本将超越劳动力数量成为影响经济增长的主导因素（蔡昉，2013），也为彻底消除劳动力流动的制度障碍准备了条件（王美艳、蔡昉，2008）。在宏观经济政策的城市倾向继续存在的背景下，消除劳动力流动障碍的决定权掌握在城市一方。当前，经济增长仍然是我国经济工作的主要着力点，也是地区竞争的主要内容。户籍制度改革是向改革要红利的重要体现，主要衡量指标是户籍制度改革能否促进经济增长。

在我国劳动力供求形势发生转折的大背景下，户籍制度改革有可能成为城市竞争的重要内容，而城市之间关于经济增长的竞争也有可能成为户籍制度改革的推动因素。本节要回答的问题是，在存在城市经济竞争的背景下，单个城市调整户籍政策将对城市经济竞争格局产生何种影响？以及这种影响将导致对手城市做出什么样的政策调整？

（一）户籍歧视影响城市经济增长的两条路径

为了研究城市竞争背景下的户籍歧视对城市经济增长的影响，我们假设存在两个城市，分别是城市1与城市2。两个城市在人均收入水平、人口规模、公共服务水平（以货币价格表示）、财政能力，以及户籍限制政策等方面都完全相同。为了体现户籍门槛对城市竞争的影响，我们假设城市化已经完成，户籍制度改革导致的人口流动只在城市之间进行。城市户籍人口标准化为 1，非户籍人口中，包括新增户籍人口 E 和新增流动人口 M。非户籍人口平均人力资本水平为 h，户籍人口和新增户籍人口平均人力资本水平均为 k。

鉴于当前户籍制度的作用主要包括社会保障、公共住房和基础教育供给三个方面（陶然、史晨、汪晖、庄谷中，2011），以及推进农业转移人口市民化面临严重预算约束的现实，我们假定户籍门槛的调整只涉及既有公共福利资源的再调整。令城市公共福利总量为 G，其中，户籍人口拥有的歧视性公共福利总量为 $(1-\mu)G$，所有城市人口均可享受的非歧视性公共福利总量为 μG，其中 $0<\mu<1$。由此得到户籍人口的人均公共福利为 $G_0 = \dfrac{(1-\mu)G}{1+E} + \dfrac{\mu G}{L}$，非户籍人口的人均公共福利为 $G_x = \dfrac{\mu G}{L}$，且 $\dfrac{\mu}{L} < \dfrac{M}{L}$。因此，城市不均等的公共福利供给有两种表现形式，第一种是户籍人口与非户籍人口人均公共福利的不均等，即 $\dfrac{G_x}{G_0} < 1$；第二种是户籍人口与非户籍人口两类人群的总量公共福利不均等，即 $\mu < 1$。

考虑到当前户籍制度改革的主要障碍是财政的承受能力不足，我们假设城市政府在调整户籍政策时不会增加财政开支，即户籍制度改革只涉及既有公共资源的再分配。在这种假设之下，城市 1 的户籍政策的变动会对城市人口造成直接影响，加上人口流动只在两个城市之间进行，城市 1 的户籍政策变动会直接影响城市 2 的经济增长。

假设城市 1 降低落户门槛，城市 2 维持原来的政策。此时，城市 1 降低落户门槛时面临两种可选择的路径：路径 1 是在降低落户门槛的同时，保持户籍人口的人均公共福利水平不变，这要求减少非户籍人口的公共福利供给，即强化总量公共福利的不均等；路径 2 是在降低户籍门槛的同时，让更多的非户籍人口享受与户籍人口同样的公共福利,这将降低户籍人口的平均公共福利水平,即减轻人均公共福利的不均等。由于第一条路径需要将部分属于非户籍人口的公共福利转移给户籍人口,我们将其称作"利益极化"路径;由于第二条路径需要摊薄户籍人口的公共福利水平,我们将其称作"利益扩散"路径。

接下来,我们将分析两条路径下的落户门槛调整对城市经济增长产生的影响。

(二) 利益极化路径下的城市经济增长

在城市竞争的背景下,人才和投资将在不同城市之间进行选择。城市居民的流动将决定两个城市的发展状况。令城市流动人口的个人收入 $I_m = \theta\{h_{mE}[K+hM+\kappa E]^\beta \phi^{1-\gamma} - L^{\varphi-1}\} + P\dfrac{\mu G}{L}$,城市户籍人口的个人收入为 $I_x = \theta[h_{xi}(K+hM+\kappa E)^\beta \phi_1^{1-\gamma} - L^{\varphi-1}] + P\dfrac{(1+\mu)G}{1+E}$。

当城市 1 按照利益极化路径调整户籍门槛时,$\dfrac{G_0}{G_x}$ 不变,但是 μ 变小。这种户籍政策的效果有如下特征:

特征 1:原有户籍人口不会减少。因为城市 1 户籍人口扩容时并不会降低本市户籍人口相对于城市 2 户籍人口的公共福利水平。

特征 2:一定程度上的户籍人口扩容将在扩大本市人口规模的同时提高平均人力资本水平。因为出于本市经济增长的考虑,城市政府设立的人力资本门槛一般要高于户籍人口的平均人力资本水平,在降低户籍门槛之后也会高于城市平均的人力资本水平。

特征 3:政策 1 能够进一步提高城市 1 的人均收入水平。其理由由下面证明给出：

已知 $\dfrac{dI}{dL}=\theta\left[\left((1+\beta)\dfrac{dH}{dL}+\beta\dfrac{H}{L}\right)H^{\beta}L^{\beta}\phi^{1-\gamma}-(\varphi-1)L^{\varphi-2}\right]-P\dfrac{G}{L^2}$

令 $H^{1+\beta}L^{1+\beta}\phi^{1-\gamma}=Y$，$L^{\varphi}=C$，则：

$$\dfrac{dI}{dL}=\dfrac{1}{L^2}\theta L^{\varphi}\left\{\left[\dfrac{(1+\beta)\dfrac{dH}{H}}{\dfrac{dL}{L}}+\beta\right]\dfrac{Y}{C}-\dfrac{PG}{\theta C}-(\varphi-1)\right\} \qquad (4\text{-}43)$$

降低户籍门槛前，城市的落户门槛往往要求申请入户的个体人力资本水平高于户籍人口的平均水平。假设城市在降低户籍门槛时只要求落户人口的人力资本水平高于城市的平均水平，则 $\dfrac{dH}{H}\Big/\dfrac{dL}{L}>1$，$\left[(1+\beta)\dfrac{dH}{H}\Big/\dfrac{dL}{L}+\beta\right]>1+2\beta>1$。又根据经验判断，$\dfrac{PG}{L}<I$，故 $\dfrac{\dfrac{PC}{L}+\dfrac{\theta C}{L}}{I+\dfrac{\theta C}{L}}=\dfrac{PG+\theta C}{\theta Y}<1$。由此可知，$\left[(1+\beta)\dfrac{dH}{H}\Big/\dfrac{dL}{L}+\beta\right]\dfrac{Y}{C}>\dfrac{PG+\theta C}{\theta G}$，$\left[(1+\beta)\dfrac{dH}{H}\Big/\dfrac{dL}{L}+\beta\right]\dfrac{Y}{C}>\dfrac{PG+\theta C}{\theta G}>1>(\varphi-1)$，即 $\dfrac{dI}{dL}>0$ 即。因此，政策 1 带来的户籍人口扩容（$dL>0$）将提高城市人均收入水平（$dI>0$）。

需要指出的是，城市 1 降低户籍门槛是面向城市 1 和城市 2 所有流动人口的政策。因此，该政策将给城市 2 带来人才损失，使 $dL<0$。由于对城市 2 而言，$\dfrac{dI}{dL}>0$ 同样可证，因此，$dI<0$。即城市 1 执行政策 1 会导致城市 2 人均收入降低。由此得到以下命题。

命题 4-5：通过提高歧视性公共福利比重，城市政府能够减少流动人口规模、扩大户籍人口规模、提高城市平均人力资本水平和城市人均收入水平。因此，城市政府具有提高歧视性公共福利比重的内在动力。

但是，需要注意的是利益极化路径具有浓厚的计划色彩，而且与公平导向的公共服务均等化趋势相悖，在缺乏配套制度措施的情况下，容易激化社会矛盾。因此，利益极化路径的户籍政策调整只在特殊情境下才有意义。例如，当城市规模过度膨胀，导致经济、社会和生态环境难以持续，并且这种发展难题已经被城市人口所认识时，利益极化路径的政策调整才有可能加剧人群之间的福利不均等。

（三）利益扩散路径下的城市经济增长

通过降低落户门槛吸引流动人口落户，城市 1 户籍人口的人均公共福利会下降，因此，在增加新户籍人口的同时，也将流失原户籍人口。由于新增户籍人口的人力资本水平低于原户籍人口，令城市 1 户籍门槛为 κ^*，必有 $H<\kappa^*<\kappa$，城市 1 和城市 2 流动人口的人力资本水平为 $h^*<\kappa^*$，而城市 2 户籍门槛为 κ。

已知户籍人口人均拥有的公共福利为 $G_0=\frac{(1-\mu)G}{1+E}+\frac{\mu G}{L}$，非户籍人口人均拥有的公共福利为 $G_x=\frac{\mu G}{L}$，因此，对城市 2 而言，每减少一个流动人口，就可以增加 $\frac{\mu(1+E)}{L(1-\mu)+\mu(1+E)}$ 个户籍人口。城市 1 户籍人口公共福利水平的下降将促使人力资本水平最高的户籍人口流向城市 2。对城市 2 而言，能够吸收的户籍人口数与释放的流动人口数相关。假设城市 1 和城市 2 的流动人口人力资本分布密度函数为 $l(h)$，户籍人口的人力密度函数为 $\frac{1+E}{M}l(\kappa)$，其中，$l(h)=\frac{1}{\sqrt{2\pi}\sigma}\exp\left(-\frac{(h-\overline{h})^2}{2}\right)$，$l(\kappa)=\frac{1}{\sqrt{2\pi}\sigma}\exp\left(-\frac{(\kappa-\overline{\kappa})^2}{2}\right)$，$\overline{h}$ 为城市流动人口的平均人力资本水平，$\overline{\kappa}$ 为城市户籍人口的平均

人力资本水平，H 为城市总人口的平均人力资本水平，$\overline{K} > \overline{h} > H$。若城市 1 新增户籍人口数为 $\int_{\kappa^*}^{\kappa} l(h)dh$，则 $\frac{1}{2}\int_{\kappa^*}^{\kappa} l(h)dh$ 为来自城市 2 的流动人口。因此，城市 2 可获得 $\frac{1}{2}\int_{\kappa^*}^{\kappa} l(h)dh \times \frac{\mu(1+E)}{L(1-\mu)+\mu(1+E)}$ 个新增户籍人口，即 $\frac{1}{2}\int_{\kappa^*}^{\kappa} l(h)dh \times \frac{\mu(1+E)}{L(1-\mu)+\mu(1+E)} = \frac{1+E}{M}\int_{\kappa'}^{\infty} l(K)dK$，其中 $\kappa' \geqslant \kappa > \kappa^*$。①

城市 1 平均人力资本水平的人口规模弹性为：

$$\frac{\frac{dH}{H}}{\frac{dL}{L}} = \frac{\left[\left(\int_{\kappa^*}^{\kappa} l(h)hdh - \frac{1+E}{M}\int_{\kappa'}^{\infty} l(K)KdK\right) - \left(\int_{\kappa^*}^{\kappa} l(h)dh - \frac{1+E}{M}\int_{\kappa'}^{\infty} l(K)dK\right)H\right]L}{\left[\int_{\kappa^*}^{\kappa} l(h)dh - \frac{1+E}{M}\int_{\kappa'}^{\infty} l(K)dK\right]\left[L + \int_{\kappa^*}^{\kappa} l(h)dh - \frac{1+E}{M}\int_{\kappa'}^{\infty} l(K)dK\right)H\right]}$$

(4-44)

如果令 $f(\kappa^*)$ 为计划新增户籍人口，dE 为实际新增户籍人口，则：

$$dE = f(\kappa^*)\left\{1 - \left[\frac{1}{2}\frac{\mu G}{L} \Big/ \frac{(1-\mu)LG + (1+E)\mu G}{(1+E)L}\right]\right\} \quad (4-44)$$

由于 $1 - \left[\frac{1}{2}\frac{\mu G}{L} \Big/ \frac{(1-\mu)LG + (1+E)\mu G}{(1+E)L}\right] > 0$，$f(\kappa^*) > 0$，$f'$

---

① 令户籍人口最大规模为 $1+E$，则 $1+E^* < \left(\frac{(1-\mu)G}{1+E} + \frac{(1+E)L}{\mu G}\right) = \left(\frac{(1-\mu)L}{\mu} + (1+E)\right)$。因此，户籍人口增长潜力小于 $\frac{(1-\mu)L}{\mu}$。对城市 2 而言，通过流动人口流失可得剩余公共福利资源：$G_s > \frac{(1-\mu)L}{\mu} \times \frac{\mu G}{L} = \frac{(1-\mu)G}{2}$。新增户籍人口 $dE < \frac{1}{2} \frac{(1-\mu)G}{\frac{(1-\mu)G}{1+E} + \frac{\mu L}{L}} = \frac{(1-\mu)(1+E)L}{2[(1-\mu)L + \mu(1+E)]}$，$E$ 为按照原标准入籍当年新增户籍人口规模，根据经验，E 的数值极小，可以忽略。因此 $\frac{(1-\mu)(1+E)L}{2[(1-\mu)L + \mu(1+E)]} \approx \frac{(1-\mu)L}{2[(1-\mu)L + \mu]} < \frac{1}{2}$。意味着对城市 2 而言，最多吸收的户籍人口数为 $\frac{1}{2}$。换言之，城市 1 流出的户籍人口数小于 $\frac{1}{2}$，若该人群中最低人力资本水平为 κ'，则 $\kappa' \geqslant \kappa$。

$(\kappa^*)<0$，故 $dE>0$ 且 dE 是 κ^* 的减函数，通过降低户籍门槛得到的人口增量 $dL>0$。

令 $\overline{\kappa}'$ 代表流失户籍人口的平均人力资本水平，$\overline{\kappa}^*$ 代表流入户籍人口的平均人力资本水平，则通过降低户籍门槛得到的净人力资本增量为：

$$f(\kappa^*)\overline{\kappa}'\left[\frac{\overline{\kappa}^*}{\overline{\kappa}'}-\frac{(1+E)\mu}{2[(1-\mu)L+(1+E)\mu]}\right]$$

$$-f(\kappa^*)H\left(1-\frac{(1+E)\mu}{2[(1-\mu)L+(1+E)\mu]}\right)$$

$$=f(\kappa^*)H\left[\frac{\overline{\kappa}^*}{\overline{\kappa}''}-\frac{(1+E)\mu}{2[(1-\mu)L+(1+E)\mu]}\right]$$

$$\left[\frac{\overline{\kappa}'}{H}-\frac{\left(1-\frac{(1+E)\mu}{2[(1-\mu)L+(1+E)\mu]}\right)}{\left[\frac{\overline{\kappa}^*}{\overline{\kappa}'}-\frac{(1+E)\mu}{2[(1-\mu)L+(1+E)\mu]}\right]}\right] \quad (4\text{-}46)$$

由于 $\dfrac{\overline{\kappa}^*}{\overline{\kappa}'}>\dfrac{1}{2}\dfrac{(1+E)\mu}{2[(1-\mu)L+(1+E)\mu]}$，且：$\dfrac{\overline{\kappa}'}{H}-$

$\dfrac{\left(1-\dfrac{(1+E)\mu}{2[(1-\mu)L+(1+E)\mu]}\right)}{\left[\dfrac{\overline{\kappa}^*}{\overline{\kappa}''}-\dfrac{(1+E)\mu}{2[(1-\mu)L+(1+E)\mu]}\right]}>\dfrac{\overline{\kappa}'}{H}-\dfrac{\left(1-\dfrac{(1+E)\mu}{2[(1-\mu)L+(1+E)\mu]}\right)}{\left[\dfrac{H}{\kappa}-\dfrac{(1+E)\mu}{2[(1-\mu)L+(1+E)\mu]}\right]}>$

$\dfrac{\overline{\kappa}'}{H}-\dfrac{\overline{\kappa}'}{H}>0$，故：$f(\kappa^*)\overline{\kappa}'\left[\dfrac{\overline{\kappa}^*}{\overline{\kappa}'}-\dfrac{(1+E)\mu}{2[(1-\mu)L+(1+E)\mu]}\right]-f(\kappa^*)$

$H\left(1-\dfrac{(1+E)\mu}{2[(1-\mu)L+(1+E)\mu]}\right)>0$。因此，$\dfrac{dH}{H}\Big/\dfrac{dL}{L}>0$。由此得到：

命题 4-6：尽管城市 1 降低落户门槛会导致户籍人口福利损失和部分人才流失，但是只要落户的人力资本门槛仍然高于城市平均水平，该政策就能够同时提高城市总人力资本存量和平均人力资本水平。

同理可得，对城市 2 而言亦存在：$\dfrac{dH}{H}\Big/\dfrac{dL}{L}>0$，由此得到以下命题。

推论 4-1：在城市 1 降低户籍门槛的背景下，城市 2 坚持既有的高户籍门槛会降低城市总人力资本存量和平均人力资本水平。

对城市 1，城市平均收入为：

$$I=\theta[H^{1+\beta}L^{\beta}\phi^{1-\gamma}-L^{\varphi-1}]+P\dfrac{G}{L} \qquad (4\text{-}47)$$

$$\dfrac{dI}{dL}=\theta\dfrac{1}{L^{2}}\left[\left[\dfrac{(1+\beta)\dfrac{dH}{H}}{\dfrac{dL}{L}}+\beta\right]H^{1+\beta}L^{1+\beta}\phi^{1-\gamma}-(\varphi-1)L^{\varphi}-\dfrac{PG}{\theta}\right]$$

$$(4\text{-}48)$$

令 $H^{1+\beta}L^{1+\beta}\phi^{1-\gamma}=Y$，$L^{\varphi}=C$，则

$$\dfrac{dI}{dL}=\theta\dfrac{1}{L^{2}}\left[\left[\dfrac{(1+\beta)\dfrac{dH}{H}}{\dfrac{dL}{L}}+\beta\right]Y-(\varphi-1)C-\dfrac{PG}{\theta}\right] \qquad (4\text{-}49)$$

城市人口调控政策总是希望增加高素质劳动力，减少低素质劳动力。因此，我们可以合理地假定，城市在调整公共福利分配时将保证，被迫离开城市的个体，其人力资本水平不高于城市平均水平，因此 $-1<\dfrac{dH}{H}\Big/\dfrac{dL}{L}<0$。① 此时有：

$$\left[(1+\beta)\dfrac{dH}{H}\Big/\dfrac{dL}{L}+\beta\right]Y-(\varphi-1)C-\dfrac{PG}{\theta}<\beta Y-(\varphi-1)C-\dfrac{PG}{\theta}$$

$$(4\text{-}50)$$

由于 $\varphi-1>\beta$，因此 $\beta Y-(\varphi-1)C-\dfrac{PG}{\theta}<\beta(Y-C)-\dfrac{PG}{\theta}$

---

① 在只存在一个城市的情形下，城市公共福利将首先将人力资本水平最低的个体"挤出"城市，此时 $\dfrac{dH}{H}=\dfrac{LH+hdL}{(L+dL)H}-1=\dfrac{hdL-HdL}{(L+dL)H}$，$\dfrac{dH}{H}\Big/\dfrac{dL}{L}=\dfrac{(h-H)L}{(L+dL)H}>-1$。

如果城市经济净产出为 $Y-C$，且政府收入全部用于提供公共福利，则 $\frac{PG}{\theta(Y-C)}=\frac{1-\theta}{\theta}$。由此可得：当 $\frac{1}{1+\beta}\geqslant\theta$ 时，必有 $\frac{dL}{dL}<0$，其中 $\frac{1}{1+\beta}$ 为城市规模弹性的倒数，θ 为居民总收入占城市经济总产出的比重。这意味着当城市居民总收入占城市净产出的比重不大于城市规模弹性的倒数时，城市人口规模与人均收入之间成反向变动关系。降低户籍门槛的政策将扩大人口规模，提高城市居民人均收入。

对城市 2 而言，同理可得，$\frac{\theta Y-\theta L^\varphi}{\theta(Y-L^\varphi)+PG}>\frac{1}{1+\beta}$ 时，$\frac{dI}{dL}>0$。由于已经假定城市 1 和城市 2 为完全相同的城市，因此当城市 1 降低户籍门槛时，城市 1 人口规模提高，人均收入提高，城市 2 人口规模降低，人均收入降低。由此得到以下命题。

命题 4-7：在城市竞争中，当城市宏观税负小于城市人口规模弹性系数的倒数，且落户的人力资本门槛高于城市平均人力资本水平时，以公共福利均等化为导向降低户籍门槛，将提高本市相对其他城市的人均收入水平，从而在城市竞争中占优。

已知城市规模弹性为常数，因此，考察人口规模与人均收入关系的时候需要关注的主要指标是居民收入占城市净产出的比重。如果不考虑进出口，城市经济净产出可以分为居民收入和政府收入两部分。表 4-1 表明城市人口规模越大，政府收入占城市 GRP 的比重越高，也即人口规模越大的城市，居民总收入占城市 GRP 的比重越低。这说明，人口规模越大的城市越容易出现人口数量与人均收入的反向变动关系。由此得到以下命题。

命题 4-8：从提高城市居民收入水平的需要出发，人口规模越大的城市越倾向于通过歧视性的公共福利分配控制城市人口规模。

表 4-1　中国城市市辖区人口规模与财政收入占 GRP 比重

地方财政一般预算内收入占 GRP 比重	年平均人口（万人）平均数	年平均人口（万人）中位数	城市数（个）	省会/计划单列市/直辖市个数
0.12 以上	508.64	300.57	10	9
0.10~0.12	228.60	211.53	23	7
0.08~0.10	197.56	154.82	24	6
0.06~0.08	211.01	179.07	29	7
0.04~0.06	171.47	142.09	23	1
0.04 以下	132.78	127.91	15	2

数据来源：《2011 中国城市统计年鉴》。

因此，对面临严重城市病的大城市而言，可能难以通过户籍政策调整促进经济发展，户籍政策也难以成为参与城市竞争的手段。而规模较小的城市则可以通过户籍政策调整获得更大的经济增长空间。这成为为我国经济发达的中小城市调整户籍政策的理论支撑。

五、本章小结

本章将户籍因素纳入城市经济增长理论，由简入繁、由粗到细地探讨了户籍歧视对城市经济增长的影响。

第一，我们将户籍因素纳入城市化的大背景，探讨了在城市化的不同阶段，基于户籍的人口迁移控制所具有的特殊意义。得出的结论包括：在城市化初期实施有控制的乡城移民具有一定的合理性；而当农业转移劳动力供给趋紧时，放松乡城移民限制将有助于提高城市增长绩效；扩展的城市规模模型考虑了人力资本和拥挤成本对城市规模的影响，并发现城市户籍人口的人力资本水平和物质资本积累水平越高，城市能够吸纳的流动人口规模越大，这也说明固化的人口控制政策可能难以适应城市经济增长的需要。

第二，对单城市模型的分析表明，相对于无户籍差异的情形，户籍差异导致的收入不平等将提高均衡的城市物质资本存量和户籍居民消费水平。这意味着当城市政府以经济增长和户籍居民利益为主要的政策考量因素，基于户籍差异的不均等公共福利分配机制将继续维持下去甚至有可能进一步强化。同时，歧视性的户籍政策存在内生变迁的可能。因为随着城市经济实力的增强，城市对外来人口的户籍歧视将逐渐减轻直至消失。

第三，对双城市模型的分析表明，在存在城市竞争的情形下，经济增长导向下的户籍政策调整将围绕两条路径展开：在利益极化路径下，户籍政策调整使城市政府能够通过提高歧视性公共福利比重，减少流动人口规模、扩大户籍人口规模，进而提高城市人均收入水平。但是，利益极化路径的政策调整与公平原则相悖，容易激化社会矛盾，因此只在特殊情境下才有意义；在利益扩散路径下，尽管单个城市降低落户门槛会导致户籍人口福利损失和部分人才流失，但是只要落户的人力资本门槛仍然高于城市平均水平且城市宏观税负小于城市人口规模弹性系数的倒数，以公共福利均等化为导向降低户籍门槛，就能有效促进城市经济增长，这一结论为我国东部经济发达的中小城市调整户籍政策提供了理论支持。

第五章　我国城市户籍歧视与经济增长的特征事实

户籍歧视的主要功能是调控人口和劳动力,而人口和劳动力既是经济生产的投入要素又是消费主体。因此,户籍歧视与经济增长存在紧密关联。本章将梳理当前时期我国城市户籍歧视和经济增长的基本状况,从中总结城市户籍歧视与经济增长的若干特征事实。

户籍歧视程度最直接的表现形式是户籍人口与非户籍人口的福利差异,但是由于中国城市数量众多且各个城市存在的巨大差异,因此,直接观察城市户籍歧视程度存在较大难度,为此,我们决定以城市市辖区受歧视人口占户籍人口的比例作为户籍歧视程度的衡量指标。① 为了获得城市户籍歧视及经济增长的相关数据,我们根据 2012 年《中国城市统计年鉴》所列地级及以上城市,统计了 2005—2011 年 288 个地级市及以上城市市辖区的经济指标,部分城市由于数据缺失严重或存在明显偏差而被剔除(表5-1)。数据来源为 2006—2012 年中国城市统计年鉴,部分城市的个别数据根据相关年份的城市统计公报和统计年鉴进行了校正。

---

① 关于户籍歧视的详细探讨及数据来源见本书第六章。

表 5-1　剔除的样本

剔除城市	所属省份	所属区域	城市类型
铜陵市、六安市	安徽	中部	普通地级市
三明市	福建	东部	普通地级市
百色市、钦州市	广西	西部	普通地级市
毕节市、铜仁市	贵州	西部	普通地级市
思茅市、临沧市	云南	西部	普通地级市
拉萨市	西藏	西部	省会城市

一、我国城市户籍歧视的特征事实

户籍歧视是中国城市普遍存在的现象，然而，正如任何事物都兼有普遍性和特殊性一样，中国城市的户籍歧视也具有明显的空间特征。本节将首先阐述户籍歧视的测度标准及我国地级城市户籍歧视的总体情况。之后分别从区域层面、城市类型方面和城市群层面探讨我国城市户籍歧视具有的空间特征。

(一) 户籍歧视的总体情况

对城市人口数据的统计表明，2005—2011 年，我国地级以上城市常住人口年均增长 3.14 个百分点，户籍人口年均增长 1.73 个百分点，常住人口与户籍人口之差由 3371 万人扩大到 7429 万人，二者之比由 1.1∶1 提高到 1.2∶1。这说明，截止到 2011 年，每 6 个市辖区常住人口中，就有 1 人被排斥在当地户籍系统之外，常住人口增速和增量双双超过户籍人口意味着城市户籍歧视正在呈现逐年加强态势。如图 5-1 所示。

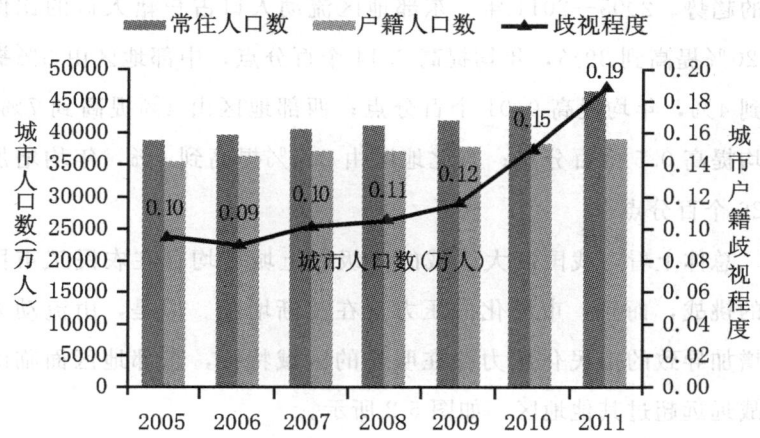

图 5-1　我国城市户籍歧视程度的变化情况

数据来源：2006—2012 年《中国城市统计年鉴》，部分数据的修正参考了相关城市统计年鉴和统计公报。注：户籍歧视程度以市辖区非户籍人口与户籍人口之比表示。四大区域中，东部地区包括北京、天津、河北、山东、江苏、上海、浙江、福建、广东、海南；中部地区包括山西、河南、湖南、湖北、江西；西部地区包括内蒙古自治区、新疆维吾尔自治区、西藏自治区、宁夏回族自治区、陕西、甘肃、宁夏、四川、重庆、云南、贵州、广西；东北地区包括辽宁、吉林、黑龙江三省。

（二）户籍歧视的区域特征

户籍歧视的严格程度与区域经济发展水平存在显著关联。经济发展程度高的地区对外来劳动力具有更强的吸引力，但是由于市民化滞后于城镇化，外来劳动力越多的地区对户籍制度的执行力度也更为严格。

从横向比较来看，我国四大区域中东部地区的城市非户籍人口比重最高，2011 年占城市户籍人口的近 40%，中西部和东北地区城市非户籍人口比例较低，均在 10% 以下，说明东部地区面临较其他地区更为严峻的农民工市民化的挑战。

从纵向比较看,我国四大区域的流动人口比重都存在持续升高的趋势。2005—2011年,东部地区流动人口占户籍人口的比例由20%提高到39%,年均提高3.14个百分点;中部地区由3%提高到4%,年均提高0.01个百分点;西部地区由4%提高到7%,年均提高0.5个百分点;东北地区由2.4%提高到4%,年均增加0.26个百分点。

总体上看,我国四大区域的地级以上城市均存在农民工市民化的挑战,而且,市民化的压力正在逐渐增强。但是,由流动人口增加导致的市民化压力存在明显的区域特征,东部地区面临的挑战远远超过其他地区。如图5-2所示。

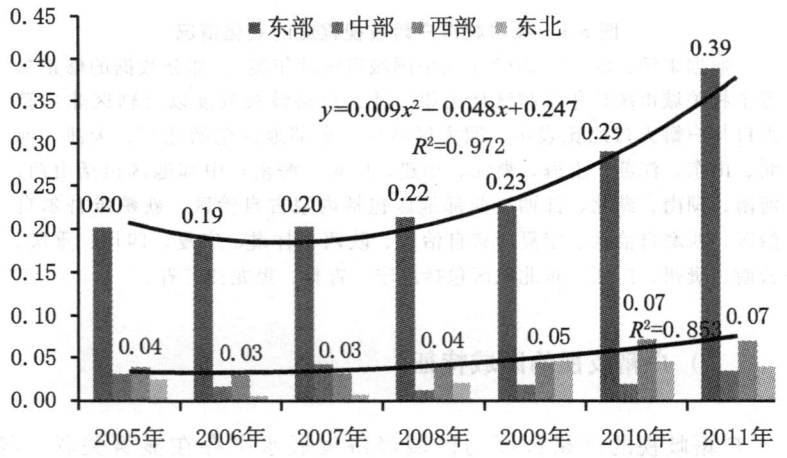

图5-2 四大区域户籍歧视程度比较
数据来源:2006—2012年《中国城市统计年鉴》。

(三) 户籍歧视的城市特征

城市户籍歧视程度还与城市类型相关。划分城市类型的标准包括行政级别、政治和经济地位、区位特点、经济实力等。按照城市行政级别可以分为直辖市、副省级城市、省会城市、较大的市、普通地级市等；按照政治和经济地位可以分为国家中心城市、区域中心城市等；按照区位特点可以分为沿海开放城市、沿江开放城市、普通港口城市等；按照经济实力又可以分为一线城市、二线城市等。由于不同类型的城市划分存在重叠，本书以城市行政级别为主要划分依据，同时考虑城市发展水平差异、区位差异，将我国 278 个地级及以上城市划分为 9 个类别（如图 5-3 所示）。

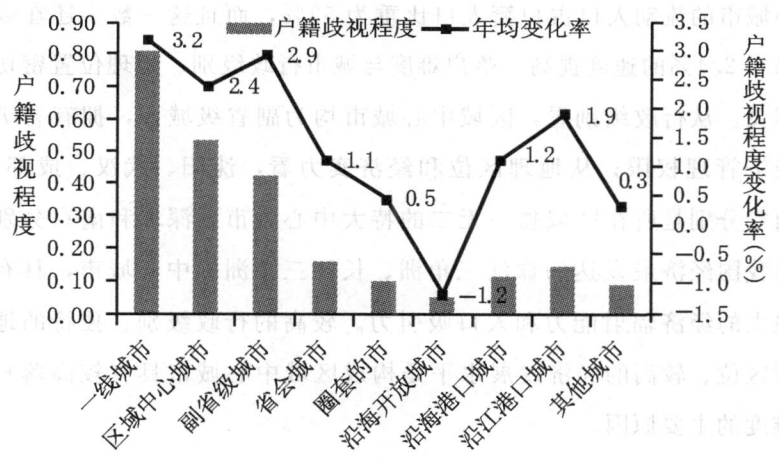

图 5-3 不同类型城市户籍歧视程度的变化

注：年均变化率采用 2005—2011 年数据计算得出。在城市类型划分中，除一线城市、区域中心城市与副省级城市存在重叠外，其他城市类型相互不重叠。副省级城市、省会城市、沿海开放城市、沿海港口城市、沿江港口城市按照就高不就低分类。一线城市包括北京市、上海市、广州市、深圳市；区域中心城市包括沈阳市、南京市、武汉市、深圳市、成都市、西安市；沿海港口城市包括滨州市、东营市、威海市、营口市、日照市、舟山市、泉州市、防城港市；沿江港口城市包括镇江市、扬州市、九江市、安庆市、马鞍山市、芜湖市、岳阳市、泸州市、盐城市、宜昌市。

数据来源：同图 5-1。

比较不同类型城市的落户难度可以发现，落户难度与经济发展水平、城市行政级别成正相关关系。

一线城市是我国落户难度最大、落户难度上升最快的城市类型。一线城市中北京、上海既是直辖市又是我国主要的经济中心，广州、深圳既是副省级城市又是我国外向型经济最发达的珠三角地区的中心城市，高行政级别与高经济发展水平同时存在使一线城市成为外来劳动力流入的重点地区。2011年，一线城市的非户籍人口占户籍人口的比例达到81%，2005—2011年，这一数字年均增长率达到3.2%。

区域中心城市的落户难度仅次于一线城市。2011年，区域中心城市的流动人口占户籍人口比重为53%，而且这一数字还在以每年2.4%的速度提高。落户难度与城市行政级别、地理位置密切相关。从行政级别看，区域中心城市均为副省级城市，拥有省级经济管理权限；从地理区位和经济实力看，沈阳、武汉、成都、西安分别是所在区域独一无二的特大中心城市，深圳和南京分别是我国经济最发达的珠江三角洲、长江三角洲的中心城市，具有强大的经济辐射能力和人口吸引力。较高的行政级别、独特的地理区位、较高的经济发展水平是构成区域中心城市具有较高落户难度的主要原因。

副省级城市的行政级别仅次于直辖市，具有强大的区域经济辐射能力和人口吸纳能力。2011年，我国15个副省级城市共有市辖区常住人口8890万人，市辖区户籍人口6249万人，二者之比达到1.42∶1。副省级城市除了5个区域中心城市和位于东北内陆地区的哈尔滨、长春、沈阳外，其他7个城市均位于我国经济最发达的沿海省份，城市周边也是我国重要经济区或城市密集带。

（四）户籍歧视的城市群特征

城市群往往以1～2个核心城市为中心，由核心城市和环绕其四周的中小城市通过经济和区位联系组团而成，是城市发展和城镇化的高级形态。2013年中央城镇化工作会议提出"把城市群作为主体形态，促进大中小城市和小城镇合理分工、功能互补、协同发展"。城市群既是城镇化的必然结果，又是城镇化的重要载体。户籍歧视是影响城镇化的重要因素，观察我国城市群的户籍歧视程度有助于进一步探讨城市群在城镇化中的地位和作用。

当前，关于城市群的分类标准和划分结果并无一致看法[①]。参考当前的研究成果，本书遵循两条相对简化的标准划分城市群：第一，以一个国家中心城市或区域中心城市或两个副省级城市为核心；第二，以与核心城市接壤的地级及以上城市为成员。据此，本书划分出我国的八大城市群，并统计得到2005—2011年八大城市群的落户压力（表5-2）。

表5-2 八大城市群户籍歧视程度

城市群	2005	2006	2007	2008	2009	2010	2011	所属区域
京津城市群	0.17	0.19	0.21	0.25	0.27	0.34	0.44	东部地区
胶济城市群	0.00	0.00	0.00	0.02	0.04	0.05	0.09	
沪宁杭城市群	0.12	0.09	0.12	0.1	0.15	0.36	0.42	
珠三角城市群	0.79	0.79	0.79	0.78	0.76	0.74	1.04	
武汉城市群	0.09	0.09	0.12	0.12	0.11	0.2	0.23	中部地区
成渝城市群	0.02	0.00	0.01	0.02	0.02	0.07	0.03	西部地区
西安城市群	0.16	0.14	0.13	0.07	0.07	0.06	0.05	
沈大城市群	0.01	0.04	0.04	0.04	0.07	0.11	0.11	东北地区

注：表中各城市群的城市为相应区域副省级以上城市及其接壤城市，其中沪宁杭城市群包括无锡市。

数据来源：同图5-1。

---

① 参见牛凤瑞（2008）和方创琳（2011）的城市群分类。

由表 5-2 可得到我国城市群的户籍歧视特征：

第一，城市群的户籍歧视程度存在明显差异。以最近的 2011 年为例，户籍歧视程度最高的珠三角地区，落户压力达到 2.04：1，意味着城市群总人口中仅有不到 1/2 的人拥有当地户籍；户籍歧视程度最低的为成渝城市群，常住人口中仅有不到 3% 的人无常住户籍。

第二，城市群户籍歧视程度的区域特征突出。东部地区的城市群除胶济城市群外，户籍歧视程度均显著高于其他区域的城市群。如果以算数平均值计算，东部和中部地区城市群的平均户籍歧视程度分别为 1.50 和 1.23，东北和西部地区分别为 1.11 和 1.04，说明中东部地区的城市群面临更为严重的农民工市民化压力。

第三，绝大多数城市群的户籍歧视程度存在逐年升高趋势。2005—2011 年，以算术平均值计算的城市平均户籍歧视程度从 1.17 提高到 1.30，年均提高 1.8%。其中京津城市群的户籍歧视程度提高最快，从 2005 年的 1.17 提高到 2011 年的 1.44，年均增长 3.5%；户籍歧视程度最低的西安城市群存在下降趋势，年均降低 1.65%。总体而言，东部地区城市群的户籍歧视程度普遍存在提高趋势，且增速较快，年均提高 1.5~2 个百分点；西部城市群户籍歧视程度增长轻微，甚至存在下降趋势。

二、我国城市经济增长的特征事实

我国城市经济增长迅速，2005—2011 年，我国 278 个地级及以上城市的市辖区 GDP 由 11.18 万亿元增加到 22.24 万亿（2005

年不变价格，下同），年均增幅达12.1%，市均GDP则由403亿元增加到800亿元，增长了98.5%。城市人均GDP由2.89万元增加到4.78万元，年均增长8.7%（如图5-4所示）。因此，高增长是我国城市经济的最基本特征。接下来本书将首先分析我国城市经济增长的影响因素，然后从区域、城市类型和城市群三个方面分析我国城市经济增长的特征事实。

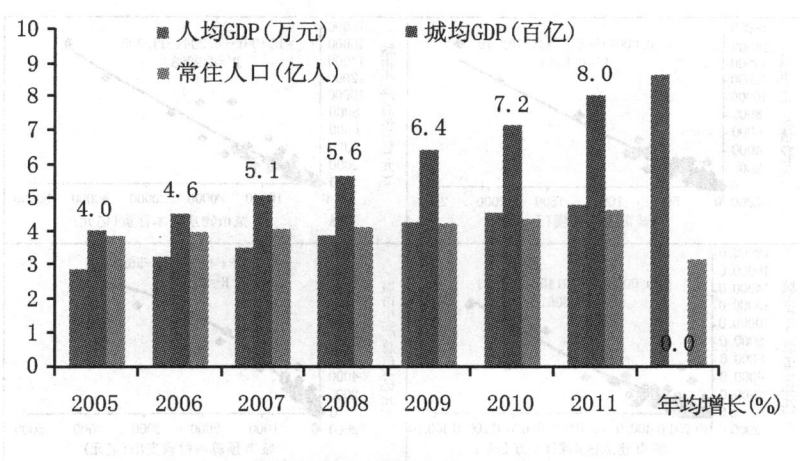

图5-4 我国城市经济增长状况（2005—2011）

数据来源：同图5-1。

（一）城市经济增长的影响因素

经济增长既依赖于要素投入数量也依赖于技术和管理水平。由于技术和管理的测度数据难以获得，本章将主要关注投入要素对城市经济增长的影响。

空间层面的城市经济增长不仅需要考虑投入要素的绝对数量增长，还需要考虑城市规模收益。前者主要包括传统的生产要素，如劳动力、资本、土地等，后者则以人口规模代表。在经济发展过程中，政府支出是一个特殊因素，尽管其对经济的影响最终将归结于资本、土地等传统生产要素，但是由于政府开支所具有的特殊意义（如对私人投资的引导和挤出效应），本书也将政府预算内财政支出视作经济增长的影响因素。因此，接下来我们将主要考察城市人口规模、物质资本存量、土地面积（以建成区面积代表）及政府预算内财政支出与城市经济增长的关联性。如图5-5所示。

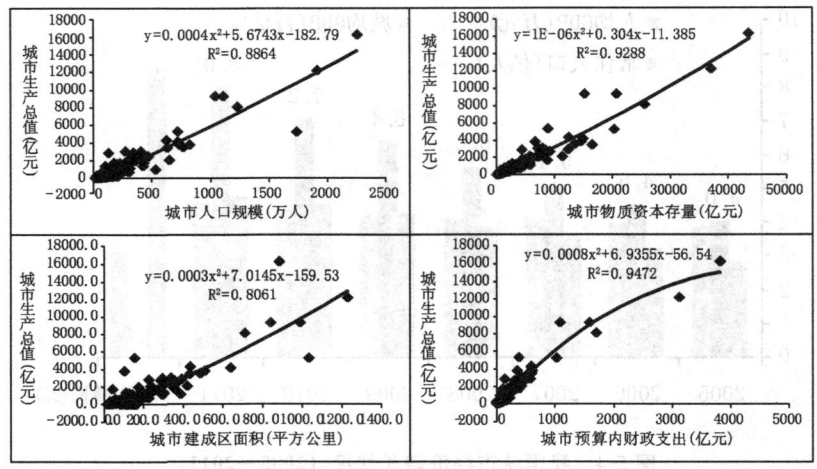

图5-5 我国城市经济增长的影响因素（2011年）
数据来源：同图5-1。

2005—2011年，我国地级及以上城市的城市平均经济产出则由400亿元增长到797亿元（2005年不变价格），年均增长12.14%。城市经济增长与常住人口规模、固定资本存量、城市土地投入及政府开支存在关系密切。

6年之内，我国地级及以上城市平均人口规模由139万人增加到167万人，城市平均物质资本存量由876亿元增长到2577亿元（2005年不变价格），年均增长19.4%；我国城市平均建成区面积由88.34平方公里扩张到132.72平方公里，年均增速达7%；我国城市平均预算内财政支出由 42.1 万亿元增加到 138.9 万亿元，年均增幅达 22%。

从 2011 年城市横截面数据来看，城市平均常住人口每增加 1 万人将带动经济产出增长 6.26 亿元，城市物质资本存量平均每增加 1 亿元能够带动经济产出 0.34 亿元，平均每增加 1 平方公里建成区面积带来新增经济产值 9.6 亿元，城市平均预算内财政支出每增加 1 亿元将带来新增经济产出 4.7 亿元（2005 年不变价格）。

除了上述四种因素会对城市经济增长产生重要影响外，城市劳动参与率（就业人口与常住总人口之比）也可能对经济产出效率产生影响。本章第三节将从户籍歧视对劳动参与率的影响角度探讨户籍歧视对城市经济增长的间接影响。

（二）城市经济增长的区域特征

区域经济的核心问题是区域差异，城市则是所在区域的经济中心。因此，城市经济增长的区域差异集中体现于区域之间的城市经济差异。2011 年，经济发展水平最高的东部地区城市的人均 GDP 为 59584 元（2005 年不变价格，下同），分别比东北、中部和西部地区高 12%、70% 和 91%，说明我国城市经济的区域差距仍然明显。不过，从经济增速来看，四大区域之间已经呈现差距缩小趋势。2005—2011 年，东部地区城市人均 GDP 的年均增长速度为 7.4%，而东北地区、中部和西部地区的增长速度分别为 10.4%、11.1% 和 9.7%。落后地区的后发赶超已经使东部、东北、中部和西部城市人均 GDP 之比由 235：177：121：100 缩小为 191：170：112：100，说明我国致力于实现协调发展的区域总体发展战略已经取得阶段性成效。如图 5-6 所示。

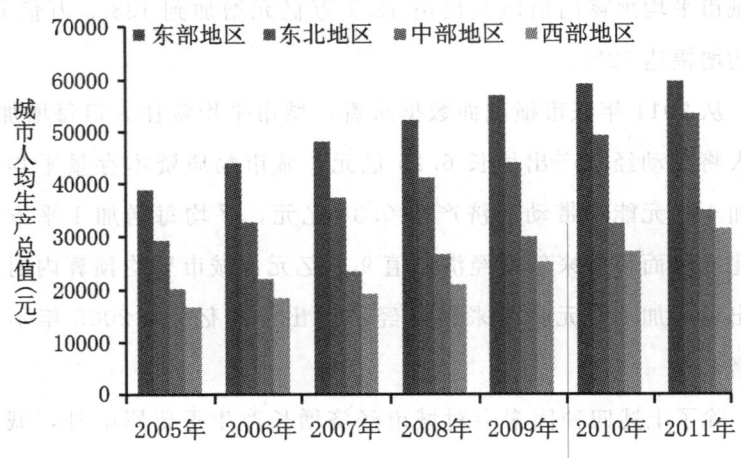

图 5-6　我国城市人均生产总值的区域特征
数据来源：同图 5-1。

城市经济的区域差异根源于要素投入和经济效率的差异。从要素投入看，年均增长最快的是物质资本投入。2005—2011 年，东部地区物质资本存量年均增长率为 17.1%，东北地区、中部地区和西部地区分别为 22.9%、21.8% 和 23%。增长速度最慢的是人口规模，增长最快的东部地区常住人口年增长率为 4%，最慢的东北地区只有 1.3%。而城市建成区面积的增长速度则介于人口规模增速和物质资本增速之间，说明我国仍然普遍存在人口城镇化滞后于土地城镇化的现象。一般预算内财政支出往往与城市经济发展状况直接相关，但是二者并非同步增长。2005—2011 年，我国东中西部和东北地区的城市人均一般预算内财政支出平均增速均在 20% 以上，远快于城市人均 GDP 增速。

从要素投入的增长速度看，西部地区的经济增速最快，物质资本和土地投入及预算内财政支出也全面高过其他三个地区，表现出强劲的经济增长势头。东部地区的经济增速相对趋缓，但是人口增速快于其他地区，建成区面积也仅高于相对"地广人稀"

的东北地区，在人口、土地、经济的匹配性上体现出更强的包容性和和谐度。中部地区的经济增速较快，财政支出和建成区面积均迅速增长，体现出中部地区城市仍然处在倚重物质资本投入和土地扩张的阶段。

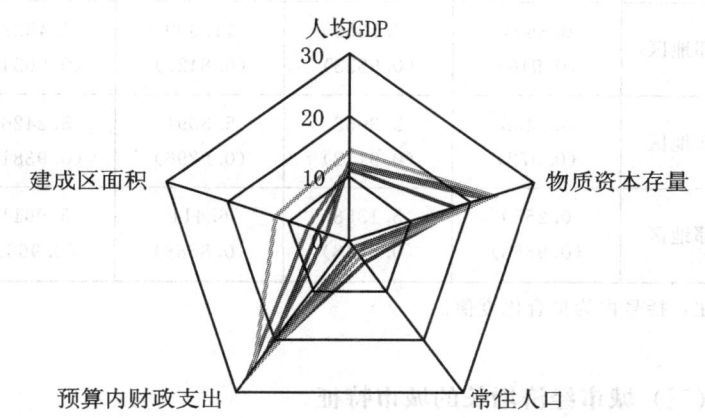

图 5-7 2005—2011 年我国城市经济及影响因素的年均增长率（%）
数据来源：同图 5-1。

从经济效率看，要素投入的增长效应同样存在显著的区域特征。对 2011 年我国城市横截面数据的拟合表明，东部地区的资本存量、人口规模和土地投入对经济增长效率的拉动作用均显著高于其他地区，说明东部地区城市具有更高的集聚效率。虽然西部地区的资本存量、土地投入的增长速度都超过其他地区，但是相应的产出效率却低于其他地区。整体而言，我国城市投入要素的产出效率存在东部—东北—中部—西部依次递减的特征。

2005—2011 年，我国城市经济及影响因素的年均增长率如图 5-7 所示；2011 年四大区域投入要素对经济增长的影响系数可见表 5-3。

表 5-3 2011 年四大区域投入要素对经济增长的影响系数

四大区域	资本存量	人口规模	建成区面积	预算内支出
东北地区	0.2356 (0.8642)	6.2265 (0.7825)	7.5046 (0.8496)	5.9901 (0.822)
东部地区	0.3694 (0.946)	7.1355 (0.9533)	11.339 (0.8427)	4.4528 (0.9034)
西部地区	0.2468 (0.972)	3.3063 (0.9112)	5.3091 (0.9296)	5.2426 (0.9381)
中部地区	0.2559 (0.9553)	5.1358 (0.8448)	6.411 (0.8688)	5.9611 (0.966)

注：括号内为拟合优度值。

（三）城市经济增长的城市特征

要素投入是城市经济实力的直接影响因素，而行政级别和地理位置甚至政治地位则对城市发展产生间接但长期的影响。从城市绝对经济产值看，城市经济实力与城市行政级别和地理区位密切相关。以经济实力最强的四个一线城市为例，城市成员包括北京（直辖市兼首都）、上海（直辖市兼航运中心）、深圳（经济特区兼副省级城市，紧邻港澳）和广州（副省级城市兼省会，位于珠江口）。2011 年，四城市的平均经济产值为 11796 亿元，是地级及以上城市平均水平的 14.8 倍。从图 5-8 可以发现，城市市均经济产值从一线城市到较大的市逐次递减，说明城市经济实力与行政级别正相关；如果考虑到沿海开放城市所具有的特殊历史地位，则经济实力与行政级别正相关的规律可以进一步延伸到沿海普通港口城市。

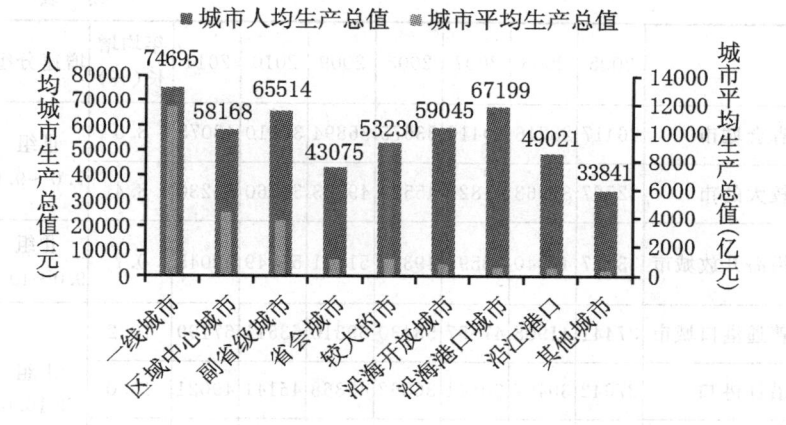

图 5-8 我国城市经济发展水平比较（2011）
数据来源：同图 5-1。

从城市人均经济产值看，城市经济发展水平与交通区位的关系更为密切。人均产值最高的城市类型依次为一线城市、沿海港口城市、副省级城市和沿海开放城市。其中，一线城市均位于东部地区，且除北京外均为滨海港口城市；15 个副省级城市中有 6 个沿海港口、4 个内河港口城市，且全部为区域性或全国性铁路枢纽。一线城市人均经济产值为 7.5 万元，比我国地级以上城市的平均水平高 56%，是普通内陆地级市的 2.2 倍。① 详见表 5-4。

表 5-4 我国不同类型城市的城市人均经济产值（单位：元）

	2005	2006	2007	2008	2009	2010	2011	年均增长(%)	增速分组
一线城市	53449	59172	63352	67229	73921	74902	74695	5.7	V组＜6.0
区域中心城市	38738	42426	45284	49797	54040	55547	58168	7.0	IV组 6.0～7.0
副省级城市	44235	47956	51540	56820	61224	63234	65514	6.8	

---

① 普通内陆地级市即图 5-8 中的"其他城市"。

续 表

	2005	2006	2007	2008	2009	2010	2011	年均增长(%)	增速分组
省会城市	26417	28716	30416	33675	36894	38010	43075	8.5	Ⅲ组 7.0~9.0
较大的市	32787	37963	41826	45529	49633	51360	53230	8.4	
沿海开放城市	33827	42840	48598	49392	51471	55149	59045	9.7	Ⅱ组 9.0~10.0
普通港口城市	37441	41908	47557	53430	59310	63511	67199	10.2	Ⅰ组 >10.0
沿江港口	27642	30497	30441	36862	42368	45141	49021	10.0	
其他城市	18490	20767	22942	25166	28526	31531	33841	10.6	

数据来源：2006—2012 年《中国城市统计年鉴》及相关年份、相关城市统计公报。城市产值根据中国统计年鉴公布的省、区、市生产总值指数调整为 2005 年不变价格。

从城市人均经济产值的增速看，城市经济发展速度与行政级别和交通区位成负相关（表 5-4）。一线城市经济增长速度最慢，2005—2011 年，人均经济产值年增长率为 5.7%，6 年增长 39.75%；普通内陆地级市增长速度最快，年均增长率为 10.6%，6 年内增长了 83.02%。按照城市人均经济产值的增长速度，将不同类型的城市进行分组，可以发现行政级别和发展水平越高的城市经济增速越低、良好交通区位对城市经济增长有利。

（四）城市经济增长的城市群特征

城市群由强大的中心城市和周边中小城市通过紧密的经济、地域、文化关系联结而成。城市群内部迅捷频繁的经济互动使之具备强劲的经济集聚力和人口吸纳能力。2011 年八大城市群的 78 个城市集中了我国 278 个地级以上城市 61.2% 的经济产值，58.9% 的固定资本存量，50.0% 的常住人口和 50.85% 的一般预算内财政支出，城市群强大的吸纳能力和经济生产力使之成为最富活力的经济中心和劳务输入地。

从城市经济实力看，不同的城市群由于地理区位及中心城市的不同，存在显著差异。例如，以港澳为核心的珠三角城市群在经济规模、人口规模、人口密度、经济密度等方面都显著强于其他城市群；以京津为核心的京津城市群与以上海为核心的沪宁杭城市群在不同的指标上互有优劣；而其他城市群则与上述三大城市群存在较大差距（见表5-5）。同时，城市群与非城市群也存在规模和集聚能力的差异。我国八大城市群在平均GDP、平均人口规模、人口密度和经济密度四个方面都显著高于全国平均水平，从一个侧面表现出中心城市对城市人口与经济集聚功能的巨大影响。详见表5-5。

表5-5 中国八大城市群市辖区的城市平均发展水平（2011）

城市群	GDP（亿元）	年末常住人口（万人）	人口密度（人/km²）	市辖区经济密度（亿元/km²）
珠三角城市群	4385.38	547.35	2194.38	2.33
沪宁杭城市群	1934.61	297.13	1580.81	1.09
京津城市群	3438.09	547.83	1471.13	1.16
胶济城市群	1261.44	201.96	879.04	0.60
沈大城市群	1009.19	173.46	1352.02	0.86
武汉城市群	805.6	182.59	1037.52	0.49
西安城市群	4601.94	167.08	752.55	0.34
成渝城市群	2780.18	301.16	750.95	0.32
全国平均值	797.03	167.41	693.51	0.39

注：城市群GDP按照当年价格计算。
数据来源：同图5-1。

从经济发展速度看，明显存在西部后发赶超、中部塌陷的特点。2005—2011年，发展水平最高的沪宁杭城市群人均经济产值的增长速度也最慢,年均增长 5.4%;经济发展水平较低的西部两大城市群人均经济产值年均增速均在 10% 以上。位于中部地区的武汉城市群 2011 年的人均经济产值为 4.4 万元,2005—2011 年的年均增速为 6.8%,无论绝对水平还是增长势头都处于中下游。

经济增长速度的差异既有要素投入的原因也与经济效率直接相关。经济效率高的地区能够以较少的要素投入带来较多的经济产出,经济效率低的地区,即使要素投入增长较快,经济增长绩效却难以达到预期目标。从要素投入数量看,增速最快的是固定资本投入,八大城市群的人均固定资本存量的年增长率均在 13% 以上,均高于人均 GDP 的增长速度。如图 5-9 所示。

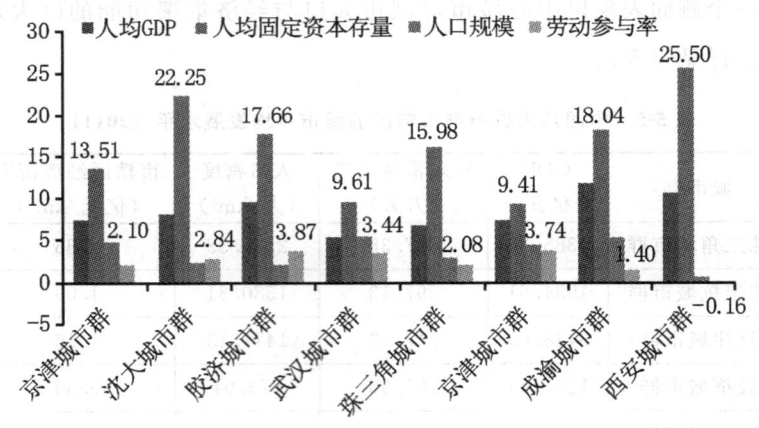

图 5-9　2005—2011 年我国城市群要素投入的年均增长率 (%)
数据来源:同图 5-1。

要素投入增长率与经济产出增长率的差异可以体现城市经济增长的集约程度。其中,东部地区的京津城市群、沪宁杭城市群和珠三角城市群的要素投入与经济产出的增长率差异最小,且劳动参与率的增速较快,说明三大城市群正在从要素驱动的粗放型经济增长向技术密集的集约型经济增长转变,且经济增长对就业的拉动作用较强；西部的西安城市群、成渝城市群以及东北的沈大城市群物质资本投入的增速远快于人均经济产出的增速，且劳动参与率增长缓慢，说明这些地区更倚重投资驱动型经济增长，对就业的拉动作用有限。

三、城市户籍歧视与经济增长的关联性

城市户籍歧视与经济增长之间既有直接的相互强化关系，又有间接的相互影响关系。二者的直接关联本质上是人口流动与城市经济增长之间的相互关系。一方面，人口作为城市经济生产的投入要素，会直接影响经济增长；另一方面，经济增长则会增强城市对外来人口的吸引力，从而促进外来人口流入。二者的间接关联则由户籍歧视、中介要素和经济增长构成。中介要素包括政府财政支出压力、生产要素供给等构成。财政支出压力将增强政府实施户籍歧视的冲动，户籍人口与非户籍人口之间的福利差异将影响城市资本积累和劳动力供给，从而影响城市经济增长（参见第四章）。接下来本书将从直接关联和间接关联两个方面探讨我国城市户籍歧视与经济增长之间的关联性。

（一）城市户籍歧视与经济增长的直接关联

户籍歧视与经济增长的相关性代表了户籍制度改革与城市经济增长的协同关系。户籍歧视程度与经济增长的同步增长既说明户籍制度改革滞后，也意味着经济增长将加大户籍制度改革的难

度。相反，二者的相关性降低甚至无相关性则意味着由经济增长导致的人口流入压力已经大大减小。促成这一现象的原因既可能是户籍制度改革减少了流动人口数量，也可能是宏观经济、劳动力供给和区域经济竞争态势出现变化。根据第四章的研究结论，城市经济增长，尤其是城市物质财富的增加，能够在减少户籍人口的同时促进城市经济增长，换言之，城市经济增长到一定程度可能会出现城市经济增长与户籍歧视程度的负相关变化（参见本书第四章第二节）。在二者无相关性或负相关的情形下，城市政府将不再面临经济增长与户籍制度改革的两难抉择，甚至可以通过户籍制度改革促进城市经济增长。

对2005—2011年的城市经济数据的统计表明，中部地区的经济增长和户籍歧视相关性极低，基本没有相关性；其他三个区域的城市经济增长与户籍歧视程度的相关系数均在0.7以上，具有明显的正相关关系。说明我国中部地区的户籍制度改革难度最低，城市政府具有在保证经济增长的同时推进户籍制度改革的条件。从城市层面看，一线城市、区域中心城市、副省级城市和省会城市的经济增长与户籍歧视程度的相关系数均超过0.7，正相关关系明显，其中省会城市的相关系数最高，达到0.87，说明政治地位和行政级别越高的城市的户籍制度改革相对滞后。省会城市以下的普通地级市一方面面临的落户压力较小；另一方面，户籍歧视程度与经济增长的相关性较低，意味着这些城市不再面临推进农民工市民化与发展经济的两难选择，某些城市甚至具备二者同步推进的有利条件。具体如图5-10所示。

从城市群的层面看，城市户籍歧视程度与经济增长的相关性最高的是北方沿海地区的京津城市群、沈大城市群、胶济城市群和中部地区的武汉城市群，其相关系数均在0.80以上，为高度正

第五章 我国城市户籍歧视与经济增长的特征事实 | 137

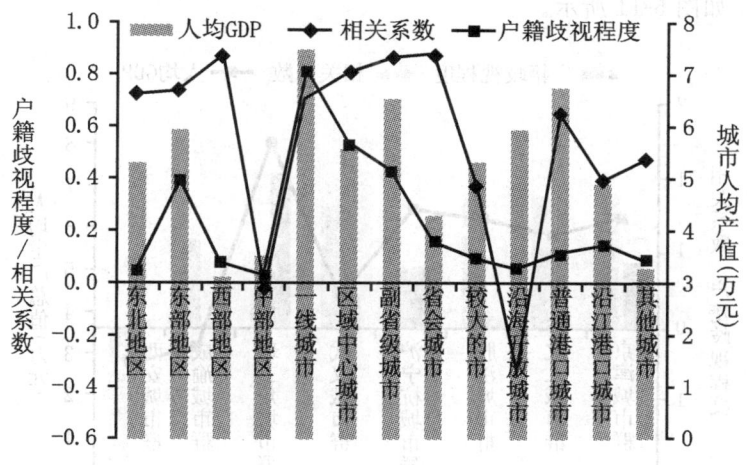

图 5-10 我国城市人均产值与户籍歧视程度的相关性
数据来源：同图 5-1。

相关。对这些城市群而言，城市经济增长的同时也面临着外来人口大量涌入，落户压力增大的挑战。经济增长与落户压力同步提高既意味着户籍制度改革滞后，也说明城市政府有条件在规避户籍制度改革的同时促进城市经济增长。城市户籍歧视程度与经济增长的相关性最低的是珠三角城市群和沪宁杭城市群，相关性均在 0.4 以下，意味着这两大城市群的户籍制度改革可能不会对城市经济增长造成直接影响，而严格的户籍歧视也不再对经济增长造成确定性影响。由于不必担心户籍制度改革对城市经济增长造成不利影响，此时的城市政府将具有更多的政策空间执行公平导向的户籍制度改革。当然，政策空间不等于改革激励。当人口流动和经济增长形势进一步变化，出现户籍歧视与经济增长的负相关变化时，城市政府将真正拥有户籍制度改革的政策激励。从统计数据看，2005—2011 年，西安城市群的户籍歧视程度与城市经济增长的相关系数为-0.89，为高度负相关。显然，这种变化形势已经为以自由迁徙为最终政策目标的户籍制度改革准备了激励条件。如图 5-11 所示。

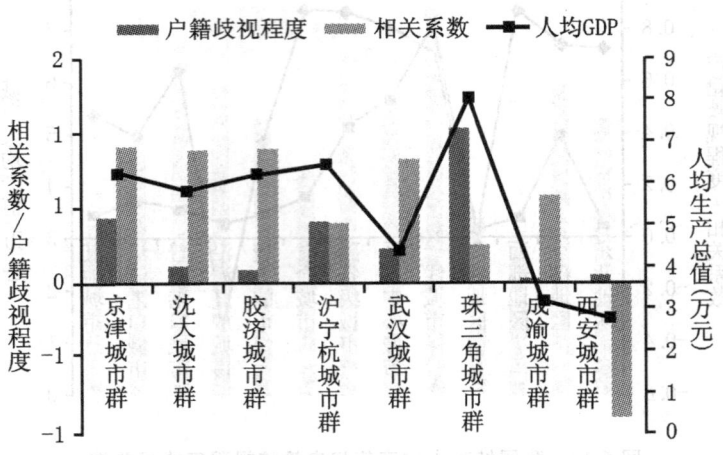

图 5-11　我国八大城市群户籍歧视程度与经济增长的相关性
数据来源：同图 5-1。

（二）城市户籍歧视与经济增长的间接关联

城市户籍歧视与经济增长的间接关联主要包括两种，其一，外来人口落户带来的财政支出压力将消耗财政资源，从而间接影响其他方面的政府开支。而政府开支则是形成固定资产投资、政府购买、科技研发的重要资金来源，后者将直接影响经济增长。其二，根据本书第四章的探讨，户籍歧视造成的收入不平等有助于城市物质资本积累，根据前文所述，对很多城市而言，固定资产投资是经济增长的主要驱动因素。

从财政支出压力看，一线城市和省会城市的财政支出压力最大，一般预算内财政支出占 GDP 的比重均在 18% 以上。在所有城市类型中，省会及以上城市的财政支出压力与落户压力具有显著相关性，相关系数均在 0.80 以上。由前文已知，城市落户压力与行政级别成正相关，省会级以上城市是我国户籍制度改革的难点地区。这些城市的财政支出压力与落户压力的高相关性至少说明，财政能力的制约是造成城市落户难度大的重要因素之一。如图5-12所示。

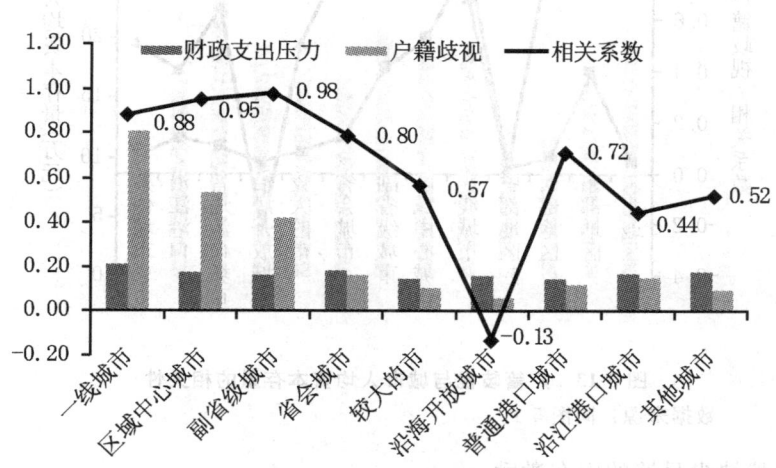

图 5-12　我国城市支出收入比与户籍歧视的相关性

注：支出收入比以城市一般预算内财政支出占GDP的比例表示，落户压力以常住人口与户籍人口之比表示，相关系数为2005—2011年支出收入比与落户压力的相关系数。

数据来源：同图5-1。

从资本积累来看，中部地区城市的人均资本存量与落户压力的相关性不显著。其他三大区域的相关系数均在0.77以上，非常显著。说明对东部、东北和西部地区的城市而言，非户籍人口增多带来的公共开支减少能够有效促进固定资本投资的增加。如图5-13所示。

从城市层面看，省会及以上城市的落户压力与人均资本存量成显著正相关，二者相关系数均在0.70以上。这说明，户籍人口与非户籍人口的差异性公共福利供给确有可能促进城市物质资本积累。由于对多数大城市而言，投资拉动仍然是经济增长的重要原因。因此，至少在最近时期，省会及以上城市的户籍制度改革

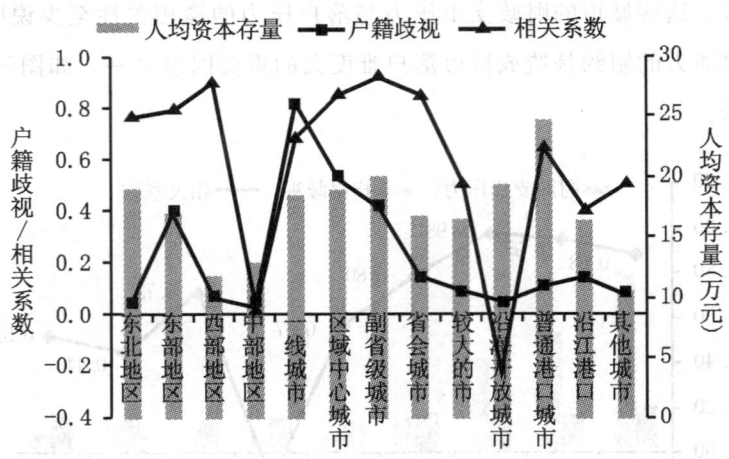

图 5-13　户籍歧视与城市人均资本存量的相关性
数据来源：同图 5-1。

仍然缺少足够的内在激励。

从城市群层面看，珠三角城市群和成渝城市群的落户压力与人均固定资本存量、财政支出规模相关性不显著，表明非户籍人口比例的增加对固定资本积累和财政支出压力没有确定性影响，说明对这两个城市群而言，户籍制度改革不会对城市固定资本投资产生明确的负面影响，同时也不必然导致财政支出压力不堪重负。西安城市群的落户压力与人均固定资本存量、财政支出规模为显著负相关，说明城市落户压力与人均物质资本存量、财政支出压力成反向变动趋势，换言之，西安城市群的户籍人口扩容是与城市经济增长同步推进的。京津城市群、沈大城市群、胶济都市群和武汉城市群都存在落户压力与人均固定资本存量、财政支出压力的同向变动，户籍制度改革之路仍然任重道远。沪宁杭城市群的落户压力与人均物质资本存量的相关性较低，但是与财政支出压力的相关性较高，说明财政支出压力可能超过经济增长因素成为影响城市户籍歧视的主要因素。具体如图 5-14 所示。

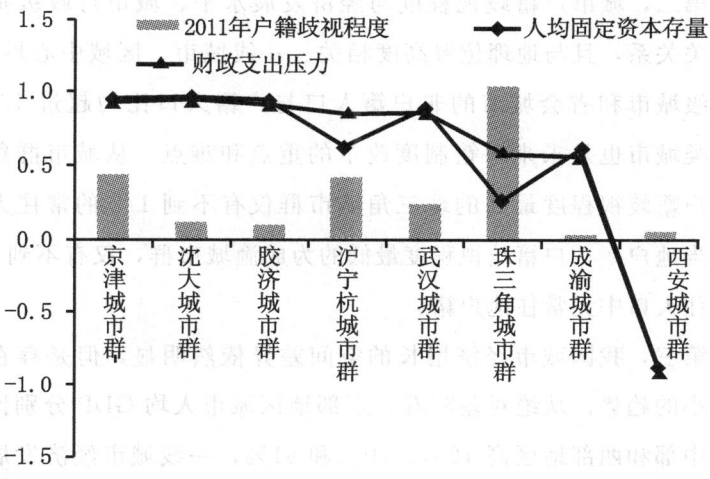

图 5-14 八大城市户籍歧视程度与部分生产投入要素的相关性
数据来源：同图 5-1。

四、本章小结

本章基于 2005—2011 年的地级市数据，从区域、城市和城市群三个方面总结了我国城市户籍歧视与经济增长的若干特征事实。

第一，我国地级以上城市层面总体的户籍歧视程度呈逐年增强的趋势。从区域层面看，东部地区户籍歧视强度的提高速度最快，其他三个区域变化较为平缓；从城市层面看，省会及以上城市的增长速度较快，其他类型城市的户籍歧视增强趋势较为平缓；从城市群层面看，东部地区城市群对户籍歧视的强化趋势最为明显。

第二，城市户籍歧视程度与经济发展水平、城市行政级别成正相关关系，且与地理位置高度相关。一线城市、区域中心城市、副省级城市和省会城市的非户籍人口与户籍人口比均超过16%，这四类城市也是未来户籍制度改革的重点和难点。从城市群角度看，户籍歧视程度最高的珠三角城市群仅有不到1/2的常住人口拥有当地户籍；户籍歧视程度最低的为成渝城市群，仅有不到3%的常住人口中无常住地户籍。

第三，我国城市经济增长的空间差异依然明显，但是存在差距缩小的趋势。从绝对差距看，东部地区城市人均GDP分别比东北、中部和西部地区高12%、70%和91%；一线城市经济发展水平遥遥领先于普通地级市；城市群的发展水平同样存在东高西低的特征。从经济增速看，落后地区的后发赶超特征明显，四大区域的人均GDP之比持续缩小；一线城市经济增长速度落后于普通内陆地级市的增速；经济发达的沪宁杭城市群经济增速则落后于西部地区的城市群。

第四，我国户籍制度改革的难点主要集中在省会及以上城市，同时，东部地区将成为未来改革的重点。相关性分析表明，从区域层面看，中部地区的户籍制度改革时机已经成熟；从城市层面看，省会级以上城市仍将是我国未来户籍制度改革的难点；从城市群层面看，珠三角城市群和沪宁杭城市群有较大的政策空间执行公平导向的户籍制度改革，西安城市群实现了降低户籍歧视与城市经济增长的同步推进。

第六章 户籍歧视对城市经济增长影响的计量检验

一、引　言

我国户籍制度是计划经济的产物。户籍制度对人口流动的约束与市场经济要求生产中要素自由配置的要求相悖。户籍制度内含的公共福利不均等与以人为本的科学发展观相冲突。因此，户籍制度改革已经成为当前社会建设和经济改革的重要内容。回顾我国户籍制度改革的历程可以发现，户籍制度改革与我国总体改革一样，都遵循了先易后难的路径。当前，较易推进的小城镇户籍制度改革已经基本完成，普通地级市的户籍歧视也在日益放开，但是省会城市尤其是北京、上海等直辖市的户籍制度不仅改革缓慢，甚至有日趋复杂、日益收紧的趋势。①

户籍制度改革的多样化特点根源于我国显著的地区差异。如果以经济发展为改革的最终目标，户籍制度改革就不可能是单向改革。因为，当前的户籍歧视既包括人口数量的调控，也包括人口质量的门槛。而在短时间内，数量与质量的变化方向往往是相反的。在潜在城市人口既定的情况下，人口数量增加必然降低城市平均人力资本水平，进而影响经济效率；而提高城市平均人力资本水平就必然要减少低技能劳动力的进入，这个过程包含了对低技能劳动力的歧视（Fan and Stark，2008）。如果说，户籍制度的调整需要在经济增长与城市民生之间进行权衡（汪立鑫、王彬彬、黄文佳，2010），那么如果以经济增长为目标，户籍门槛调整方向的确定就需要在城市人口规模与人力资本水平之间进行权衡（邓可斌、丁菊红，2010）。当前，虽然经济发展的总基调已经从"保增长"转向了"稳增长"，但是保持一定的经济增长速度仍然是实现各种政策目标的基础。在我国经济发展格局中，城市是经济重心，在城市体系中，大城市则是重心。不同类型的城市扮演着不同的经济角色，在面对户籍制度改革任务时，政策取向也必然存在差异，这也是尊重客观实际的体现。

本章要回答的问题是：第一，户籍歧视对城市经济增长有什么样的影响？第二，户籍歧视的影响与其他因素的影响有何关联？第三，这种影响是否会因为城市类型和区域差异而有所不同？

---

① 例如，在北京市的人口调控计划中，收紧进京指标亦是手段之一。参见《北京拟采取多种举措调控人口将收紧进京指标》，《中国经济时报》，2011年2月16日。

二、模型设计

与本书其他章节一致,假设城市生产函数为科布-道格拉斯生产函数,生产要素为有效劳动力和物质资本。借鉴 Lucas(1988)的做法,有效劳动力以劳动力数量与城市平均人力资本水平的乘积表示;物质资本以 ϕ 表示。由此得到简单生产函数,$Y = (LH)^{\alpha}\phi^{1-\alpha}$。$0<\alpha<1$。这个函数形式具有如下特点:第一,它是一个规模报酬不变生产函数;第二,人力资本与劳动力数量相结合,共同作为城市生产要素存在;第三,这是一个传统生产函数,未考虑城市的空间集聚特征。

规模报酬不变的函数性质适合于分析区域和国家层面的经济增长问题,但是如果用于刻画城市经济增长,则会遗漏城市特有的人口规模收益。作为投入要素存在的人力资本尽管捕捉到了人力资本在经济增长中的作用,但是在城市框架中,如果仅仅将人力资本视作投入要素,则会忽视城市特有的知识外溢现象。对城市经济增长而言,除了时间维度的要素数量之外,空间层面的要素密度同样影响着经济产出,如果在函数设定时不考虑空间集聚特征,则会遗漏城市特有的经济集聚效应。

为了体现城市规模收益,Black 和 Henderson 将劳动产出弹性修改为 $1+\alpha$,人口规模扩大带来的边际收益为 $(1+\alpha)(LH)^{\alpha}\phi^{1-\alpha}$,其中 $(LH)^{\alpha}\phi^{1-\alpha}$ 为个人收益,$\alpha(LH)^{\alpha}\phi^{1-\alpha}$ 为社会收益(Black and Henderson,1999)。但是,这种修改的前提是假设

所有城市人口都作为劳动力投入生产。借鉴他们的做法，我们将有效劳动力分为人口和人力资本两部分。其中，人口为 $P=L/\omega$，$0<\omega<1$，代表劳动参与率。劳动力的产出弹性为 α，且 α 为常数；人口规模的产出弹性为 $\rho>1$，代表城市人口集聚导致的规模报酬递增。人力资本产出弹性为 $\gamma>\alpha$，$\gamma-\alpha$，为人力资本外部性带来的产出弹性。为了体现城市特有的要素集聚特征，我们在生产函数中引入城市土地变量 Γ，产出弹性为 $-\xi$，$\xi>0$，当要素集聚适度，或者与其他生产要素匹配良好时，要素集聚能提高产出效率，而当要素集聚程度过高，或者与其他生产要素匹配失衡时，要素集聚可能导致效率损失，前者为集聚收益，后者为拥挤成本。

最后我们需要将户籍制度的影响纳入城市经济增长函数。户籍制度能够调控人口规模和人力资本水平，因此，人力资本水平和人口规模在城市经济增长中的作用间接体现了户籍制度的影响。但是，户籍制度的影响并不仅限于这种有形的间接影响。由户籍制度引致的公共福利配置不均、人力资本歧视等都可能带来经济效率损失。因此，当我们将户籍制度作为独立变量纳入城市经济增长函数后，它的经济意义就主要表现为公共福利差异和人力资本歧视导致的经济效率损失。

基于以上分析，城市生产函数修改为 $Y=(P\omega)^{\alpha}\rho\phi^{1-\alpha}H^{\gamma}\Gamma^{-\xi}hukou^{\sigma}$，其中 hukou 代表城市户籍歧视程度。为了便于计量分析，将城市生产函数对数化为 $\ln Y=\alpha\ln(P\omega)+\rho\ln P+(1-\alpha)\ln\phi+\gamma\ln H+(-\xi)\ln\Gamma+\sigma hukou$。为了便于指标说明，我们进一步将该函数化为：

$$\ln Y=\alpha\ln(P\omega)+(\rho-\xi)\ln P+(1-\alpha)\ln\phi+\gamma\ln H+\xi\ln(P/\Gamma')+\sigma hukou+\varepsilon.$$

其中被解释变量为城市GDP，解释变量分别为城市总就业人数、常住人口、资本存量、人力资本水平、人口集聚程度和户籍歧视程度，最后一项为随机误差项。

三、模型分析

（一）指标设计

在计量方程中，被解释变量以城市市辖区代表。解释变量中，无法直接得到相关数据的变量分别为户籍歧视程度、城市人力资本水平、城市物质资本投入和城市人口集聚程度。我们需要寻找合适的数据来源作为替代指标。

1. 户籍歧视程度

当前，如何衡量城市户籍歧视程度并无广泛认可的标准。何英华（2004）认为，户籍歧视程度应包括两方面，一是有多少人愿意获得当地户籍，二是这部分人中有多大比例能够获得当地户籍。简言之，户籍歧视程度应同时包含"户籍需求"和"户籍供给"两个方面。要获得这两方面的信息需要同时掌握城市常住人口和户籍人口的变动情况。但是遗憾的是，我国城市人口一直以户籍人口为标准，缺乏直接可得的流动人口数据。在此情况下，相关文献要么直接以户籍人口变动率代表户籍歧视程度，如蔡昉、都阳、王美艳（2001）以"计划迁移率"（计划迁入人口占本地人口的比率）代表户籍歧视程度；要么寻找城市常住人口的替代指标，如邓可斌、丁菊红（2010）以当年新增移动电话数替代新增常住人口数，进而得到"新增流动人口"与"新增户籍人口"的比值。

在缺乏可靠的城市常住人口数据的情况下，采取上述两种变通方法是可以理解的。但是，二者的缺陷仍然难以忽视。"计划迁移率"在用于时间序列分析时，有助于揭示户籍歧视程度的长期变动情况，但是当用于截面数据分析时，计划迁移率则不仅与户籍歧视强度相关，更与城市吸引力密切相关。此时，使用户籍迁移率代表户籍歧视强度，得出的结论必定是不够准确的。以"新增移动电话数"作为城市常住人口的替代指标则具有时间上的局限性。2000—2012 年，我国城镇居民每百户移动电话拥有量由 19.5 部增长到 212.64 部[①]，说明移动电话数的增长远快于城镇人口的增长。如果再考虑到城市之间的发展水平差异，则以移动电话数代表城市常住人口将远远偏离实际情况。

事实上，我国城市常住人口的数据是可以间接获得的。国家统计局要求，从 2004 年开始，各地要统一用城市常住人口计算 GDP（周一星、于海波，2004）。而在《中国城市统计年鉴》中，城市 GDP 和城市人均 GDP 都是可以获得的，二者相除可以得到城市常住人口数据。但是，通过与各市统计公报数据进行比对可以发现，2004 年仍然有部分城市未按照常住人口统计城市 GDP。不过，从 2005 年开始，按此方法得到的城市常住人口数据便与历年统计公报数据基本一致。

在得到了城市常住人口数据之后，衡量城市户籍歧视程度的最佳指标应该是城市常住人口增量与户籍人口增量之比。但是，由此得到的数据由于特殊情况的存在而难以处理。首先，部分城市在部分年份的户籍人口增量极小，由此导致常住人口增量与户

---

① 国家统计局编《中国统计年鉴》，"城镇居民平均每百户家庭耐用消费品拥有量"条目。

籍人口增量之比极大，由此得到的户籍歧视程度数据便出现异常。其次，部分城市在部分年份的常住人口增量和户籍人口增量均为负，此时，我们既不能认为他们的户籍歧视程度为正，也很难武断地认定其为负，而且这样的数据缺乏和正常数据的可比性。基于上述原因，本书认为，以城市常住人口数与户籍人口数的比值作为城市户籍歧视程度的指标是合适而可靠的。一则这样的数据始终为正且具有连续性，无论从时间序列还是横截面序列都具有可比性，因而是适宜数学处理的指标；二则常住人口数与户籍人口数分别代表了潜在户籍人口与实际户籍人口，其比值的大小能够体现受歧视人口的占比程度，因而是合适的衡量指标。

2. 城市人力资本水平

人力资本最普遍的替代指标是人口受教育程度。但是遗憾的是，我国一直缺乏城市层面的受教育年限数据。为了衡量城市人力资本水平，邓可斌、丁菊红（2010）以城市人口密度代表人力资本数量，以每百人公共图书馆藏书量代表人力资本水平；戴永安、张曙霄（2010）使用城市市辖区高等学校和普通中学在校生人数占全部人口的比例作为人力资本水平的代理变量；邹一南、李爱民（2013）以每万人在校大学生数代表城市人力资本水平。这些都属于受教育年限的替代指标。但是需要注意的是，从人力资本的内涵来看，受教育年限属于知识存量的替代指标，而在人力资本三要素中，除了知识，还包括技能和体力（Schultz，1962）。从人力资本的计算方式看，除了收益角度的受教育年限和劳动收益，还包括投入角度的教育和培训投入等（Kendrick，1976）。由此来看，我国学者广泛使用的受教育年限指标以及在校生人数等替代指标，都属于从收益角度刻画人力资本中的"知识"；而百人公共图书馆藏书量则属于从投入角度刻画人力资本中的"知识"。换言之,在经验分析中我国学者对人力资本的刻画主要集中在人力资本的"知识"内涵,而较少涉及体力和技能层面,较多从收益角度切入,而较少从投入的角度研究。

对人力资本的指标设计而言,投入视角与收益视角并无优劣之分。在无法获得可靠的城市人口受教育年限数据的情况下,各类替代指标的准确性也并无明显差别。于是要寻找更合适的人力资本替代指标只有进一步丰富人力资本指标的内涵。从数据可得性看,我们难以从收益角度找到同时包括知识、技能、健康三要素的人力资本替代指标,但是可以从投入角度找到替代指标及数据。历年《中国城市统计年鉴》都包含按单位分组的从业人员数。其中教育人员数可以表示城市对人力资本中的知识和技能的投资,卫生、社会保障和社会福利从业人员数,以及文化、体育和娱乐业人员数可以代表城市对人力资本中健康的投资。我们以上述三类从业人员数量的多寡可以视作城市人力资本投入的衡量指标,而三类从业人员数占城市常住人口的比例则可以看作城市人力资本水平的替代指标。

3. 城市物质资本投入

物质资本投入既包括历年新增固定资本投资也包括往年形成的资本存量。历年新增固定资本投资可直接获得;往年资本存量则可根据历年新增固定资本投资使用 Goldsmith(1951) 提出的永续盘存法计算得出。基本计算思想是根据历年新增固定资本投入计算基年的资本存量,然后据此计算目标年份的资本存量。基年资本存量的计算方法为 $K_{i,t}=I_{i,t}/(g_i+\delta)$。其中,$K_{i,t}$ 为城市 i 在 t 年的资本存量,$I_{i,t}$ 为城市 i 在 t 年的新增固定资本投资,g_i 为城市 i 历年的新增固定资本投资几何增长率,δ 为资本折旧速率。历年资本存量的计算方法为 $K_{i,t}=K_{i,t-1}(1-\delta)+I_{i,t}/p_t$,其中 p_t 为基年的资本投资价格指数。

4. 城市人口集聚程度

城市人口集聚程度可以用城市人口密度代替。但是，直接以城市常住人口除以城市土地面积并非最合适的替代指标，原因是我国长期实行市管县体制，城市范围内往往包含部分市辖县、县级市。即使在市辖区之内，由于大量市辖区都是由县或县级市整建制改区而成，也包含了较大比例的农村地区。因此，以城市常住人口除以城市占地面积并不能表示真正的城市人口集聚程度，甚至市辖区人口密度也不能很好地表现城市人口集聚特征。相比而言，由于城市非农业活动主要发生于城市建成区，其人口集聚程度与城市经济产出的联系更密切，也最能表现城市的集聚水平，因此，建成区人口密度应该是衡量城市集聚程度的最佳指标。然而，在现有的城市统计数据中，并没有相应的建成区常住人口规模。因此，我们只能退而求其次，以城市市辖区常住人口数作为建成区常住人口规模的替代指标。这种妥协尽管是不得已而为之，但是仍然具有一定的合理性。理由是城市建成区往往是非农就业的集中区，商业和服务业的集聚区，其辐射范围远远超出建成区的有形区域。在这个意义上，以市辖区常住人口规模除以建成区面积，便可以被视作城市人口集聚程度的合理指标。

（二）数据处理

由于户籍歧视程度的指标之一依赖于可获得的城市常住人口的数据受到期限的限制。本书收集整理了 2005—2011 年中国 282 个地级市的面板数据。[①] 由于当前我国户籍制度改革的难点主要集

---

① 为了保持历年样本的一致性，剔除了安徽省六安市、福建省三明市、贵州省毕节市和铜仁市。

中在大城市。本书选取了 2011 年市辖区常住人口在 100 万以上的 133 个地级市作为横截面样本（表 6-1）。考虑到我国城市往往同时包括城市地区和农村地区，为了集中体现城市经济特征，除特殊说明外，计量模型中所有变量均使用市辖区的相关指标。

表 6-1 2005—2011 年我国 133 个样本城市指标统计量（对数值）

	均值	中位数	最大值	最小值	标准差	偏度
GDP	15.53	15.36	18.91	13.13	1.07	2.92
就业人数	3.90	3.73	6.95	2.13	0.92	3.26
资本存量	16.51	16.41	19.89	13.62	1.11	2.88
人力资本水平	5.43	5.41	10.09	1.70	0.82	7.13
户籍歧视程度	0.09	0.00	1.50	−0.52	0.22	18.37
人口集聚程度	0.47	0.40	2.75	−0.52	0.47	4.24
常住人口规模	5.23	5.04	7.72	4.26	0.66	4.66
建成区土地面积	4.78	4.64	7.77	2.77	0.81	3.79

城市市辖区 GDP、人均 GDP、市辖区户籍人口、建成区面积以及城市教育，城市卫生、社会保障、文化体育从业人口数据来自历年《中国城市统计年鉴》。其中，各城市市辖区 GDP 都根据所在省市区的 GDP 平减指数调整为 2005 年价格，各省区市 GDP 平减指数根据《中国统计年鉴》历年地区生产总值和指数计算得出。市辖区常住人口规模数据根据地级市市辖区 GDP 与市辖区人均 GDP 计算而得。由于《中国城市统计年鉴》自 2001 年才开始统计城市市辖区固定资产投资数据，本书计算固定资本存量的基年为 2001 年。城市固定资产投资价格指数来自历年《中国统计年鉴》中所在省区市的固定资产投资价格指数。

除未经说明外，本书数据均来自历年《中国城市统计年鉴》。在数据整理阶段，针对个别城市、个别年份的数据异常，通过参考相关城市的统计公报、统计年鉴、政府工作报告等资料进行了数据修正。

（三）计量分析

1. 计量方法

本章使用面板数据估计户籍歧视及相关因素对城市经济增长的影响。首先需要选择适合的面板模型。选择标准分别是统计量和 Hausman 统计量。

F 统计量能够帮助我们确定应该建立混合模型还是固定效应模型。原假设和被择假设分别为：

H_a：模型中不同个体的截距相同，即真实模型为混合效应模型、

H_1：模型中不同个体的截距项不同，即真实模型为固定效应模型。

基于普通最小二乘法的混合效应模型的残差平方和为 94.563，固定效应模型的残差平方和为 6.532，由此得 F 统计量：

$$F = \frac{(SSE_r - SSE_u)/(N-1)}{SSE_u/(NT-N-1)} = \frac{(94.56-6.53)/(133-1)}{6.53/(133\times 7-133-1)} = 81$$

在 5% 置信水平上，$F_{0.05}(132.797) = 1$

$F > F_{0.05}(133.930$，故推翻原假设，应建立固定效应模型。

接下来使用 Hausman 统计量决定是应该建立固定效应模型还是随机效应模型。原假设和被择假设分别为：

H_a：个体效应与回归变量无关，即真实模型为个体随机效应模型。

H_1：个体效应与回归变量相关，即真实模型为个体固定效应模型。

Hausman 检验发现，Hausman 统计量的值为 75.486，概率为 0.0000，即拒绝原假设，应选择建立固定效应模型。

在估计计量模型时，容易出现的问题是解释变量的内生性。变量内生性的原因包括方程设定错误、测量误差、遗漏变量及变量之间互为因果等。本书使用的科布-道格拉斯函数是当前经济学文献中广泛使用的生产函数形式，其可靠性已经得到广泛验证；数据的测量误差则是研究者难以改变的，但是本书在整理数据时，参考了包括相关城市政府工作报告、国民经济和社会发展统计公报、统计年鉴等，对数据进行了修正，从而最大限度地降低了数据测量误差。尽管本书在设计计量模型时同时考虑了固定资本、人力资本、劳动力数量、人口规模、土地数量、人口集聚程度、户籍歧视程度等因素，但是由于经济运行机制的复杂性，仍然可能存在遗漏变量的问题。当某些重要变量被遗漏后，其对被解释变量的影响将集中在随机扰动项，造成随机扰动项与解释变量相关，最终导致有偏估计。另外当期 GDP 可能影响当期固定资本投资和城市对外来人口的吸引力，从而形成当期 GDP 与当期固定资本存量、当期人口规模的相互影响。因此，解释变量内生性问题是有可能存在的。判断内生性问题是否存在的最好办法是比较引入工具变量前后模型估计系数和拟合优度是否出现明显变化。

我们假设模型设定存在变量内生性问题。工具变量法是解决变量内生性问题的有效途径。工具变量法的基本思想是针对可能存在内生性的解释变量，寻找能够替代它的工具变量。该工具变量与被替代变量高度相关，但是与随机扰动项不相关。以该工具变量代替原来的解释变量纳入计量模型，从而避免解释变量内生性问题。工具变量除满足上述要求外，还需要具有明确的经济学意义，与其他解释变量不相关，且工具变量之间不相关。我们认为以城市当期 FDI 作为资本存量的工具变量，以上一期 GDP 作为城市人口规模的工具变量是合适的。理由是，FDI 是固定资本存量的重要组成部分，上一期 GDP 直接影响本期人口规模。但是二者与当期其他解释变量和随机扰动项都不相关，且二者之间无直接关联。

使用两阶段最小二乘法引入工具变量后模型的解释变量系数仅出现轻微改变，说明工具变量对模型估计影响不大，这意味着原来模型的内生性问题并不严重，详见表 6-2。

2. 计量结果

本书分别使用普通最小二乘法和两阶段最小二乘法对计量方程进行估计。从变量系数和拟合优度看，两种估计方法得出的估计结果只有轻微差别。在人为剔除部分变量之后，其他变量的系数无论绝对值还是符号都保持稳定，从一个侧面证明了估计结果的稳健性。

(1) 整体情况

从计量结果看，对城市经济增长影响最大的变量是人口规模和物质资本存量。人口规模每提高一个百分点，会带动经济产出提高 0.47 个百分点，说明市辖区人口规模超 100 万的城市拥有较强的人口规模收益。物质资本存量每提高一个百分点都会带动 GDP 提高 0.47 个百分点，说明当前城市经济增长仍然较大程度依赖于固定资本投资。劳动力数量的经济贡献率较小，劳动力数量每提高 1 个百分点，带动经济总量提高 0.07 个百分点。

人力资本对城市经济增长的贡献为负，且显著性不高，这可能存在三方面的原因。第一，城市经济增长对物质资本投入和人口规模的依赖程度较高,从而掩盖了人力资本的贡献;第二,从频繁出现的大学生就业难可以认定,我国当前的产业结构仍然停留在较低层次,造成人力资本投入与回报不匹配的现象;第三,当前的人力资本替代指标可能仍然存在缺憾,有待在未来的研究中进一步改进。

人口集聚程度对经济增长的贡献也为负,建成区人口密度每提高一个百分点,会导致经济产出降低 0.16 个百分点。这说明我国城市经济发展仍然过度依赖土地扩张,存在明显的人口扩张滞后于土地扩张的现象。

户籍歧视程度对经济增长的贡献为负。户籍歧视程度每降低 1 个百分点会促使经济总量提高 0.16 个百分点。说明对市辖区人口规模超过 100 万的城市而言,户籍歧视造成的效率损失已经明显阻碍了城市经济增长。考虑到人力资本积累对城市经济增长的影响并不明显,而人口规模对经济增长的贡献为正,则户籍制度内含的人力资本筛选机制和人口挤出效应均会对经济增长造成不利影响。总之,无论是对经济增长的直接影响,还是通过人力资本筛选机制和人口挤出效应对经济增长的间接影响,户籍制度的存在都会降低经济增长速度(见表 6-2)。

表 6-2 实证模型整体的估计结果

模 型	普通最小二乘法	两阶段最小二乘法				
常数项	5.164*** (21.28)	5.178*** (21.17)	6.653*** (37.20)	5.057*** (22.15)	4.952*** (20.31)	5.625*** (29.00)
L	0.065*** (2.88)	0.069*** (2.97)	0.119*** (5.11)	0.069*** (3.00)	0.086*** (3.73)	0.068*** (2.91)
P	0.478*** (8.66)	0.469*** (8.44)	—	0.480*** (8.72)	0.382*** (7.15)	0.373*** (8.22)

续表

模型	普通最小二乘法	两阶段最小二乘法				
K	0.471*** (39.34)	0.472*** (39.20)	0.519*** (46.68)	0.471*** (39.16)	0.504*** (48.92)	0.476*** (39.51)
H	−0.013 (1.33)	−0.014 (1.37)	−0.026** (2.48)	—	−0.011 (1.05)	−0.015 (1.45)
I	−0.160*** (5.05)	−0.156*** (4.92)	−0.071*** (2.25)	−0.153*** (4.84)		−0.175*** (5.59)
hukou	−0.169*** (3.15)	−0.161*** (2.97)	0.105** (2.30)	−0.163*** (3.01)	−0.213*** (3.96)	—
adjusted R^2	0.9929	0.9928	0.9922	0.9928	0.9926	0.9928
观测值个数	913	913	913	913	913	913
工具变量	无	GDP1；FDI				

注：*,**和***分别表示在10%、5%和1%水平上显著。括号中为t统计值的绝对量。

(2) 不同区域城市的比较

为了分离区域差异对户籍制度作用下城市经济增长的影响，我们进行了分区域的计量模型检验。样本数据的值检验和 Hausman 检验都表明，样本数据的计量分析适用固定效应模型。使用两阶段最小二乘法进行的模型估计结果见表 6-3。

表 6-3 实证模型分区域的估计结果

模型	全国	东部	中部	西部	东北
常数项	5.178*** (21.17)	4.405*** (16.10)	6.510*** (10.64)	4.907*** (4.77)	2.083* (1.71)
L	0.069*** (2.97)	−0.004 (0.16)	0.478*** (7.37)	0.242** (2.49)	0.260** (2.29)

续 表

模 型	全国	东部	中部	西部	东北
P	0.469*** (8.44)	0.588*** (10.50)	0.096 (1.11)	0.024 (0.15)	0.407** (2.29)
K	0.472*** (39.20)	0.504*** (33.09)	0.383*** (7.24)	0.590*** (6.18)	0.519* (6.21)
H	−0.014 (1.37)	0.006 (0.50)	0.043 (1.51)	−0.047* (1.89)	0.344 (1.53)
I	−0.156*** (4.92)	−0.221*** (6.41)	−0.121*** (1.79)	−0.140 (1.12)	−1.103* (3.91)
hukou	−0.161*** (2.97)	−0.253*** (4.47)	0.254 (1.38)	−0.263 (1.64)	0.681 (1.34)
Adjusted R^2	0.9928	0.9959	0.9190	0.9154	0.9161
观测值个数	913	412	237	202	77
工具变量	GDP1；FDI				

注：*，**和***分别表示在10%、5%和1%水平上显著。括号中为t统计值的绝对量。四大区域的划分见本书第五章。

对四大区域城市经济增长模型进行的估计表明，劳动力数量对东部城市的影响不显著，说明东部地区的城市经济正在摆脱对劳动力数量的依赖；劳动力投入对东部以外地区的城市经济则有显著影响。在中部地区，劳动力数量每增加一个百分点会带动城市经济产出提高0.48个百分点，在西部地区和东北地区则能分别带动0.24和0.26个百分点的城市经济增长。

东部地区和东北地区拥有明显的城市规模效应。在东部地区，城市市辖区人口规模每提高一个百分点会带动经济增长0.59个百分点，在东北地区则会带来0.41%的经济增长。而中西部地区的城市人口规模效应则不明显，说明中西部地区的城市仍处于规模上升期，人口规模对经济增长的贡献被物质资本和土地投入所掩盖。

城市人口集聚程度实际上是人口规模和土地投入的交叉变量。在东部和东北地区，人口集聚程度对城市经济增长有显著的抑制作用。在东部地区，城市建成区人口密度每提高一个百分点会使经济增速降低 0.22 个百分点，在东北地区则会降低 1.1 个百分点。说明东部和东北地区大城市的城市拥挤效应已经较为明显。而在中西部地区，人口集聚程度对经济增长的影响并不显著，说明整体而言，中西部地区大城市的拥挤效应尚未出现，仍然具有足够的人口容纳空间。

物质资本存量对四大区域的城市经济增长都具有显著影响。其中，物质资本存量的产出弹性在东部和东北地区基本处于同一重量级，物质资本存量每提高 1 个百分点会引致 0.5% 的经济增长；西部地区城市经济增长对物质资本存量的依赖程度最强，1 个百分点的物质资本存量增长会提高城市经济增长约 0.6 个百分点；中部地区对物质资本的依赖程度最低，物质资本存量每提高 1 个百分点会带来 0.38 个百分点的经济增量。

户籍歧视对东部城市经济增长的影响显著为负，户籍歧视程度每提高一个百分点会使城市 GDP 增速减缓 0.25 个百分点。但是，户籍歧视对中部、西部和东北地区城市经济增长的影响则不显著。根据本书的指标设计，户籍歧视指标只衡量户籍歧视对经济效率的直接影响，而人力资本和人口规模则体现户籍歧视的间接效应。考虑到人力资本在四个区域的影响都不显著（表 6-3），而人口规模效应在东部和东北地区都显著为正。那么，对东部和东北地区而言，户籍歧视对城市经济增长的综合影响则为负。换言之，从四大区域的角度看，户籍歧视对东部和东北地区的城市经济增长具有显著的负面影响，而对中西部地区城市经济增长的影响则不显著。

(3) 不同等级城市的比较

户籍制度的城市经济增长效应除了受到区域因素影响外，还可能与城市行政等级有关。我国城市按照行政级别可以分为县级市、地级市、副省级市和直辖市。省会城市虽然在行政地位上与其他地级市相同，但是作为首善之区的地理位置赋予其超越普通地级市的特殊优势。副省级城市则拥有省级经济管理权限，财政直接纳入中央计划。这使得他们拥有与其他地级市显著不同的财政自主性。

已有研究表明，城市管理权限尤其是财政自主性的增强有助于降低户籍歧视程度（丁菊红、邓可斌，2011），促进城市经济效率的提升（史宇鹏、周黎安，2007）。而即使不考虑行政级别导致的管理绩效提升，单单是行政级别带来的资源竞争能力，就能显著扩大不同等级城市之间的收入差距（邓伟，2011）。因此，在考察户籍歧视对城市经济增长的影响时，有必要根据城市行政级别对样本城市进行分类比较。考虑到我们选取的133个城市样本都是地级及以上市，进一步的城市等级划分需要将省会城市和副省级城市分离出来，从而形成地级市总体、省会城市、副省级城市三者之间的比较。对这三类城市的经济增长影响因素的系数估计见表6-4。

表6-4 实证模型分城市等级的估计结果

模型	普通最小二乘法	两阶段最小二乘法		
解释变量	全国	全国	省会及以上	副省级及以上
常数项	5.164*** (21.28)	5.178*** (21.17)	4.288*** (8.20)	3.975*** (6.22)
L	0.065*** (2.88)	0.069*** (2.97)	−0.040 (0.78)	0.114* (1.78)

续 表

模　型	普通最小二乘法	两阶段最小二乘法		
P	0.478*** (8.66)	0.469*** (8.44)	0.570*** (4.46)	0.519*** (3.62)
K	0.471*** (39.34)	0.472*** (39.20)	0.533*** (16.10)	0.510*** (15.94)
H	−0.013 (1.33)	−0.014 (1.37)	−0.043*** (2.72)	0.014 (0.89)
I	−0.160*** (5.05)	−0.156*** (4.92)	−0.018 (0.26)	0.067 (1.13)
hukou	−0.169*** (3.15)	−0.161*** (2.97)	−0.383*** (3.49)	−0.342** (2.54)
Adjusted R^2	0.9929	0.9928	0.9900	0.9913
观测值个数	913	913	245	133
工具变量		GDP1；FDI		

注：*，**和***分别表示在10％、5％和1％水平上显著。括号中为t统计值的绝对量。副省级及以上城市包括上海、北京、重庆、天津、广州、深圳、成都、武汉、南京、西安、沈阳、大连、杭州、宁波、哈尔滨、长春、济南、青岛、厦门；其他普通省会城市包括郑州、昆明、长沙、乌鲁木齐、贵阳、福州、石家庄、太原、南宁、兰州、南昌、合肥、海口、银川、呼和浩特、西宁。省会及以上城市为上述总和。

表6-4的估计结果表明，各解释变量的系数估计值在Ⅰ类城市（即"省会及以上城市"，下同）和Ⅱ类城市（即"副省级以上城市"，下同）之间的差异并不大，而在人口规模效应和物质资本贡献方面，Ⅰ类城市甚至比Ⅱ类城市表现更好。这说明行政级别和财政自主权的差异并未对两类城市的发展产生明显影响。这可能有两个解释：其一，副省级城市与所在省的省会城市往往是同一个城市，这种重叠性将冲淡普通省会城市与副省级城市之间的差异；其二，当省会与副省级城市不是同一城市，或者省内无副省级城市时，省级政府对省会的"照顾"可能会弱化副省级城市的

自主权优势。

劳动力数量对普通地级市经济增长具有显著影响，但是对Ⅰ类城市、Ⅱ类城市的影响的显著性降低。这可能是因为省会及以上城市往往是省内经济最发达的城市，经济发展程度越高，往往越依赖于资本密集型和技术密集型产业，从而导致劳动力数量的贡献降低。

人口规模效应在Ⅰ类城市和Ⅱ类城市的系数基本处于同一水平，都显著高于全部地级市的情形。这意味着Ⅰ类城市和Ⅱ类城市拥有更高的人口规模收益，从而具有更强的人口吸纳能力。物质资本的系数在Ⅰ类城市和Ⅱ类城市高于全国平均水平，说明省会级以上城市的资本投资回报率更高，因而拥有更高的经济效率。

人力资本对Ⅰ类城市经济增长的贡献显著为负。这与城市化背景下的人口规模扩张有关。城市化的迅速推进促进了省会为代表的大城市的人口规模扩张，由此造成人力资本的摊薄效应，由此导致人力资本水平与城市经济增长呈现反向变动。人口集聚对Ⅰ类和Ⅱ类城市经济增长的影响均不显著，说明省会及以上城市并未面临严重的人口拥挤效应。这是因为省会及以上城市往往拥有完备的基础设施和公共服务，公共管理能力也强于一般地级市。这些都有效降低了人口拥挤带来的负面效应。

户籍歧视对Ⅰ类和Ⅱ类城市经济增长的影响显著为负，户籍歧视程度每提高一个百分点会使经济增长减速 $0.34\sim0.38$ 个百分点。这种负面效应超过普通地级市的两倍。这说明户籍歧视给城市经济增长带来的效率损失与城市等级正相关。如果考虑到户籍歧视带来的人口规模压缩效应（见第四章）且省会及以上城市的人口规模收益大于普通地级市，则户籍歧视对省会级以上城市经济的负面效应将更为严重。

四、本章小结

本章使用计量方法检验了户籍歧视对我国城市经济增长的影响。相对于之前的研究，本章的不同之处在于，在模型设计方面增加了对人力资本因素和城市人口密度的考察，在样本选择上则限定于对市辖区人口规模在 100 万人以上城市的考察。文章分别从整体层面、区域层面和城市层面检验了户籍歧视对城市经济增长的影响。

第一，从城市总体情况看，户籍歧视对城市经济增长的直接影响为负。考虑到人口规模对经济增长的贡献显著为正，且人力资本因素对城市经济增长的影响不够显著，那么户籍歧视通过人力资本筛选机制和人口挤出效应对经济增长造成的间接影响也为负，说明从总体上看，户籍歧视对我国城市经济增长存在显著的负面影响。

第二，从四大区域层面看，户籍歧视对东部和东北地区的城市经济增长具有显著的负面影响，而对中西部地区城市经济增长的影响则不显著。重要的原因是，随着户籍制度改革的推进，当前的户籍歧视更多体现为跨区域的户籍歧视。而东部和东北地区是吸引外来人口的主要区域，中西部地区则是输出劳动力的主要区域，在这种情况下，东部、东北地区的户籍歧视仍然严重，但中西部地区的户籍歧视正在逐渐消失。

第三，从城市层级的角度看，户籍歧视对省会及以上级别城市的经济增长具有显著的负面影响,且影响力度超过普通地级市的两倍。这说明户籍歧视给城市经济增长带来的效率损失与城市等级正相关。如果考虑到户籍歧视带来的人口规模压缩效应(参见本书第四章)且省会及以上城市的人口规模收益大于普通地级市,则户籍歧视对省会级以上城市经济的负面影响将更为严重。

  计量结果表明,我国未来的户籍制度改革应该以东部地区为重点,并且着重开展省会及以上城市的户籍制度改革工作。同时,应该协调户籍政策与城市用地政策、投资政策之间的关系,实现城市经济、社会和资源环境可持续、协调发展。

第七章 结论与政策建议

本章包括两方面内容,首先扼要总结本书的创新之处和主要结论,并指出本研究领域需要进一步拓展研究的方向;第二,根据研究结论提出相应的政策思考,为我国未来的城镇化工作提供参考。

一、研究结论与展望

(一) 主要结论

首先,本书通过文献梳理发现,尽管户籍制度是被广泛探讨的问题,但是关于户籍歧视与城市经济增长关系的研究却比较薄弱。一方面,直接探讨该问题的文献较为少见,另一方面,已有的部分文献在理论深度和方法完备性方面仍然有较大的改进空间。例如,既有文献对户籍因素的经济内涵往往重视不够,对户籍歧视赖以发生的空间特征，如城市人口规模效益等因素，未能给予足够的重视。

其次，本书对我国户籍制度改革历程的梳理发现，改革开放以来，我国户籍制度进入改革时期，主要特征是逐渐放松户籍制度对人口迁移的控制，逐步剥离附着在城镇户籍之上的福利项目。从发展阶段看，经历了2001年以前以中小城镇为主的阶段和2001年之后分类改革和全面推进阶段。从地方实践看，我国户籍制度改革的地方探索已经产生积极成效，并且初步形成了具有典型代表性的石家庄模式、成都模式、重庆模式和广东模式。这些改革模式为我国未来的户籍制度改革积累了宝贵经验。

再次，理论分析部分认为，户籍歧视通过不均等收入分配机制和人力资本集聚机制影响城市经济增长，而城市发展阶段和劳动力供求状况也影响了城市户籍歧视政策的变化。单城市模型推导出城市经济稳态增长路径。在存在户籍歧视的情形下，户籍歧视导致的收入不平等将提高均衡的城市物质资本存量和户籍居民消费水平，而由户籍歧视引致的人力资本集聚将提高城市整体经济产出水平。这意味着当城市政府以经济增长和户籍居民利益为主要政策考量因素时，基于户籍差异的不均等公共福利分配机制和人力资本筛选机制将继续维持下去，甚至有可能进一步强化。与此同时，歧视性的户籍政策也存在内生变迁的可能。因为当城市经济实力增强到一定程度，城市公共服务均等化程度将促进城市就业吸纳能力的提高，从而实现人口进城与权益均等化的同步推进。双城市模型的讨论表明，虽然利益极化路径下的户籍政策调整能够有效促进城市经济增长，但是由于强大的社会阻力，这种调整路径只在特殊情境下才有意义。而在利益扩散路径下，当城市宏观税负小于城市人口规模弹性系数的倒数，且落户的人力资本门槛高于城市平均人力资本水平时，以公共福利均等化为导向降低户籍门槛，将使本市在城市竞争中占优。

最后，本书基于全国地级及以上城市面板数据的实证分析发现，我国地级以上城市层面总体的户籍歧视程度呈逐年增强的趋势，且东部地区户籍歧视强度的提高速度最快。从户籍歧视与城市经济增长的关系看，城市户籍歧视程度与经济发展水平、城市行政级别成正相关关系，且与地理位置高度相关。计量分析发现，户籍歧视对省会及以上级别城市的经济增长具有显著的负面影响，且影响力度超过普通地级市的两倍。未来，我国户籍制度改革的中心应向东部地区转移，尤其要关注省会及以上大城市的改革进展。

（二）研究展望

户籍制度是城市经济增长的重要制度环境。户籍歧视作为户籍制度的内在特征是利益遗产与现实利益格局下户籍居民、外来人口和城市政府相互博弈产生的结果。因此，探讨户籍歧视与城市经济增长的关系不能仅仅着眼于经济学范畴，而必须增加对利益和偏好的考量，从而形成一个政治经济学的分析框架。在这个框架内，城市政府是政策主导者，它同时追求经济增长和户籍居民的支持。因此，只有当户籍歧视的存在既不会阻碍城市经济增长，又能保证户籍居民利益时，户籍歧视政策才会得到强化，反之则会逐渐弱化直至消失。

第一，探讨户籍制度必然要从不同利益群体的相互博弈出发。而探讨户籍歧视对经济增长的影响时，同样不能忽视利益博弈的重要性。在本书的讨论中，我们将地方政府的利益取向作为假设条件放在了模型的起点位置，而将中间的博弈过程作为"黑箱"省略掉了。这种处理方式使我们更集中地关注户籍歧视对经济增长的影响结果，也使分析过程更清晰，议题分布也更集中。而在未来的研究中，研究者可以借助博弈论的分析工具进一步揭示政策形成过程中的利益协调，从而为未来的政策调整提供理论支撑。

第二，本书研究户籍制度与城市经济增长的关系是从户籍歧视的视角展开的。本书使用的户籍歧视替代指标主要以受歧视人口占户籍人口的比重表示，未来的研究也许既需要参考宏观人口和公共服务支出数据也需要获得关键样本的详细微观数据，进而制定出一个较为精确的户籍歧视衡量指标。另外，实证研究中，本书选用的人力资本替代指标仍然不够理想，未来的研究可以结合微观数据和宏观数据，寻找更精细的人力资本替代指标，这将有助于我们得出更加科学准确的分析结果。

第三，城市经济增长是城市增长的一个方面。城市土地增长、人口规模扩张等都是城市增长的重要内涵。在城市化的背景下，户籍制度不仅对城市经济，更对城市社会、城市用地、城市人口吸纳能力产生着深刻影响。由于篇幅所限，本书只讨论了户籍歧视对城市经济增长的影响，未来的研究需要进一步考虑城市经济增长中的土地和人口因素，将户籍制度与城乡土地制度变革置于同一个分析框架下，考察这种全方位变革对城市发展的影响。

二、政策建议

基于本书的理论和实证研究结论，针对我国城市发展和户籍制度改革中存在的相关问题，提出如下政策建议：

首先，本书的实证研究发现，由于我国农民工市民化速度严重滞后于城镇化速度，致使城市人口中不享受公平权利的人口比重日益增高。从整体上看，我国城市户籍歧视程度与经济发展水平、城市行政级别成正相关关系，且与地理位置高度相关。户籍歧视对省会及以上级别城市的经济增长具有显著的负面影响，且影响力度超过普通地级市的两倍；东部发达地区的户籍歧视程度高于其他地区。这说明我国未来的户籍制度改革重心应该向东部地区转移，且应高度重视省会及以上城市农业转移人口的市民化问题。

其次，户籍制度的人力资本集聚功能和人口调控功能虽然在特定历史时期有助于城市健康发展，但是户籍制度所具有的歧视性和计划性特征与以人为本的科学发展观和市场经济生产要素自由流动的要求相悖。因此，在未来城市发展过程中，应该努力消除户籍制度的附加功能，还户籍制度人口登记和管理的本色职能。与此同时，应积极改善城市管理能力，降低城市拥挤成本；加强城市公共教育，尤其是针对农业转移人口的职业教育、在职培训教育和公共行为教育，使城市人力资本积累模式由以城市户口吸引高素质劳动力，改为通过公共教育提高农业转移劳动力的人力资本水平。

第三，本书的研究发现，当城市政府偏重户籍居民利益，并且以经济增长为主要政策考量因素时，户籍制度内含的收入不均等分配机制和人力资本歧视特征有可能得到维持甚至被强化。同时，城市户籍政策也存在发生内生变迁的可能性，而影响户籍政策变迁的最主要因素就是城市经济发展水平。因此，未来应从两个方面推动户籍制度改革：一是逐渐修正对地方官员的政绩考核方式，从以GDP增长率论英雄，向根据地区发展特征综合考察经济增长速度、社会和谐程度和环境可持续发展能力转变；二是要保持适度的城市经济增长速度，提高城市的就业吸纳和公共服务供给能力，加快城市户籍政策内生变迁。

第四，对经济发达且拥挤程度不高的中小城市而言，如果城市政府通过降低城市落户门槛有序推进农业转移人口市民化，将有效提高本市相对其他城市的人均收入水平，并使本市在城市经济竞争中占优。这意味着，我国东部发达地区的中小城市具有率先放开城市落户限制，推进农民工市民化的有利条件。未来可以尝试在东部地区经济发达的中小城市选择若干城市作为户籍制度改革试点。在试点基础上进一步完善政策，探索推进。

最后，从我国户籍制度改革历程看，我国地方政府在户籍制度改革中扮演了比较活跃的角色，地方性的户籍政策调整积累了相当丰富的实践经验，也暴露出现有改革模式的一些弊端和不足。下一步应该梳理总结各地的探索经验和改革难点。好的经验应进行推广，例如，成都市统筹城乡的户籍制度改革配套健全、准备充分、步伐稳健、效果显著，可以尝试在中西部地区进行学习推广。对改革中的挫折和困难应分析根源，努力克服，例如广东省积分入户改革由于改革力度小、群众受惠少而饱受争议。但是这也提醒我们，户籍制度改革往往涉及跨省区的利益协调，地方探索必须与中央顶层设计相互协调才能改出实效。

附 录

一、户籍政策相关文件

（一）国家户籍政策相关文件

年份	名 称	发布单位	备 注
1951	城市户口管理暂行条例	公安部	
1953	关于实行粮食的计划收购和计划供应的命令	中央人民政府政务院	
1953	粮食市场管理暂行办法	中央人民政府政务院	
1955	建立经常户口登记制度	国务院	
1955	国务院关于城乡划分标准的规定	国务院	
1955	国务院关于设置市、镇建制的决定	国务院	
1955	市镇粮食定量供应暂行办法	国务院	
1956	国务院关于防止农村人口盲目外流的指示	国务院	

续表

年份	名称	发布单位	备注
1957	关于制止农村人口盲目外流的指示	中共中央 国务院	
1958	关于制止农村人口盲目外流的指示的补充通知	国务院	
1958	中华人民共和国户口登记条例	中华人民共和国主席	
1959	关于立即停止招收新职工和固定临时工的通知	中共中央	
1961	关于减少城镇人口和压缩城镇粮食销量的九条办法	中央工作会议	
1963	关于调整市镇建制、缩小城市郊区的指示	中共中央 国务院	
1964	关于处理户口迁移的决定	公安部	国务院转发
1966	关于组织外地高等学校革命学生、中等学校革命学生代表和革命教职工代表来京参观文化大革命运动的通知	中共中央 国务院	
1975	中华人民共和国宪法	四届全国人大一次会议	
1977	国务院批转《公安部关于处理户口迁移的规定》的通知	国务院	
1980	关于解决无户口人员落户问题的通知	公安部	
1984	关于农民进入集镇落户问题的通知	国务院	
1984	中华人民共和国居民身份证试行条例	国务院	1987年失效

续表

年份	名称	发布单位	备注
1985	关于城镇暂住人口管理的暂行规定	公安部	
1985	中华人民共和国居民身份证条例	中华人民共和国主席	
1989	国务院关于严格控制"农转非"过快增长的通知	国务院	
1993	中共中央关于建立社会主义市场经济体制若干问题的决定	中共中央	
1997	小城镇户籍管理制度改革试点方案	公安部	
1998	关于解决当前户口管理工作中几个突出问题的意见	公安部	
2000	中共中央、国务院关于促进小城镇健康发展的若干意见	中共中央 国务院	
2001	关于推进小城镇户籍管理制度的意见	公安部	国务院批转
2005	中华人民共和国临时居民身份证管理办法	公安部	
2009	关于加强普通高等学校毕业生就业工作的通知	国务院办公厅	
2010	关于2010年深化经济体制改革重点工作意见的通知	国家发改委	国务院批转
2011	关于积极稳妥推进户籍管理制度改革的通知	国务院办公厅	
2011	关于进一步做好普通高等学校毕业生就业工作的通知	国务院	
2013	国务院关于城镇化建设工作情况的报告	国家发改委	
2013	关于深化收入分配制度改革若干意见的通知	国家发改委、财政部、人力资源和社会保障部	国务院批转

(二) 石家庄市户籍改革相关文件

年份	名称	发布单位	备注
1995	关于试行"河北省地方城镇户口"的通知	河北省人民政府	2001年废止
2001	关于我市市区户籍管理制度改革的意见	石家庄市公安局、计委	石家庄市人民政府批转
2003	关于我省户籍管理制度改革的意见	河北省公安厅	河北省人民政府批转
2003	关于深化我市户籍管理制度改革的实施意见	石家庄市公安局	石家庄市人民政府批转
2009	关于进一步深化户籍管理制度改革的意见	河北省人民政府	
2010	落实《石家庄市人民政府关于进一步深化我市户籍管理制度改革的意见》的实施办法	石家庄市公安局	
2010	关于进一步深化我市户籍管理制度改革的意见	石家庄市人民政府	

(三) 成都市户籍改革相关文件

年份	名称	发布单位	备注
2001	关于全面推进城镇户籍管理制度改革意见的通知	四川省公安厅	四川省人民政府批转
2003	关于调整现行户口政策的意见	成都市公安局	成都市人民政府批转
2004	关于推行一元化户籍管理制度的实施意见	成都市公安局	成都市人民政府办公厅转发
2004	关于统筹城乡经济社会发展推进城乡一体化的意见	中共成都市委成都市人民政府	

续表

年份	名称	发布单位	备注
2005	成都市居住证管理暂行规定	成都市人民政府	
2006	关于深化户籍制度改革深入推进城乡一体化的意见（试行）	中共成都市委成都市人民政府	
2006	关于贯彻《中共成都市委成都市人民政府关于深化户籍制度改革深入推进城乡一体化的意见（试行）》的实施细则	成都市公安局	
2010	关于全域成都城乡统一户籍实现居民自由迁徙的意见	中共成都市委成都市人民政府	
2011	成都市居住证管理规定	成都市人民政府	

（四）广东省户籍改革相关文件

年份	名称	发布单位	备注
1998	广东省流动人口管理条例		广东省九届人大常委会七次会议通过
2001	关于我省进一步改革户籍管理制度的意见	广东省公安厅	
2003	关于修改《广东省流动人员管理条例》的决定		广东省十届人大常委会五次会议通过
2003	广东省流动人口管理条例		根据以上决定修改
2005	广东省集体建设用地使用权流转管理办法	广东省人民政府	
2009	广东省流动人口服务管理条例		对2003年《广东省流动人口管理条例》的修订
2010	关于开展农民工积分制入户城镇工作的指导意见	广东省人民政府办公厅	
2011	广东关于进一步做好农民工积分制入户和融入城镇工作的意见	广东省人力资源和社会保障厅等	
2013	关于印发广东省城镇化发展"十二五"规划的通知	广东省人民政府办公厅	

二、全国地级市（市辖区）户籍歧视程度

地　区	2005年	2006年	2007年	2008年	2009年	2010年	2011年
东莞市	0.75	0.75	0.75	0.75	0.73	0.72	0.78
深圳市	0.78	0.76	0.75	0.74	0.72	0.71	0.74
鄂尔多斯市	0.31	0.33	0.36	0.39	0.42	−0.01	0.56
中山市	0.42	0.42	0.42	0.42	0.41	0.41	0.52
厦门市	0.32	0.31	0.32	0.30	0.30	0.49	0.48
佛山市	0.39	0.39	0.39	0.39	0.39	0.38	0.48
惠州市	0.32	0.31	0.30	0.29	0.29	0.28	0.42
上海市	0.25	0.25	0.26	0.27	0.28	0.39	0.40
苏州市	0.18	−0.01	−0.01	−0.01	0.00	0.36	0.40
广州市	0.24	0.25	0.26	0.26	0.26	0.26	0.39
克拉玛依市	0.32	0.35	0.32	0.42	0.29	0.36	0.39
北京市	0.23	0.24	0.25	0.27	0.29	0.33	0.37
昆明市	0.35	0.36	0.36	0.35	0.35	0.37	0.36
丽水市	0.00	0.00	0.00	0.08	0.08	0.13	0.36
宁波市	−0.01	−0.01	−0.01	0.00	0.21	0.34	0.36
福州市	0.28	0.29	0.31	0.32	0.31	0.33	0.35
怀化市	0.00	0.15	0.17	0.17	0.19	0.26	0.34
河源市	0.03	0.03	0.07	0.07	0.10	0.30	0.34

续 表

地 区	2005年	2006年	2007年	2008年	2009年	2010年	2011年
天津市	0.10	0.12	0.14	0.20	0.22	0.25	0.34
无锡市	−0.01	−0.01	−0.01	0.00	0.00	0.31	0.33
珠海市	0.36	0.35	0.34	0.32	0.31	0.30	0.32
德州市	−0.01	0.00	0.00	0.00	0.10	0.18	0.32
常州市	0.21	0.00	0.00	0.00	0.00	0.30	0.31
十堰市	0.00	0.00	0.01	0.07	−0.03	−0.01	0.30
包头市	0.00	−0.01	−0.01	0.17	0.25	0.28	0.30
嘉兴市	0.00	0.00	0.00	0.23	0.24	0.28	0.30
武汉市	−0.41	0.14	0.15	0.16	0.17	0.26	0.30
杭州市	−0.01	−0.01	0.21	−0.01	0.22	0.29	0.30
成都市	0.17	0.18	0.21	0.24	0.24	0.26	0.29
泉州市	0.21	0.21	0.21	0.21	0.21	0.21	0.29
龙岩市	0.18	0.18	0.17	0.18	0.18	0.12	0.27
贵阳市	−0.04	−0.05	−0.06	−0.08	0.14	0.26	0.27
晋城市	0.24	−0.01	−0.04	−0.16	−0.08	0.12	0.26
银川市	0.00	−0.06	0.00	0.13	0.14	0.27	0.26
柳州市	−0.01	−0.01	−0.01	0.05	0.09	0.25	0.25
肇庆市	0.04	0.06	0.12	0.22	0.22	0.17	0.24
丽江市	0.51	0.50	0.49	0.50	0.50	0.52	0.24
江门市	0.12	0.12	0.15	0.12	0.12	0.13	0.24
黑河市	0.11	0.12	0.10	0.12	0.00	0.03	0.24

续　表

地　区	2005 年	2006 年	2007 年	2008 年	2009 年	2010 年	2011 年
南京市	−0.01	−0.01	−0.01	−0.01	0.00	0.21	0.24
乌鲁木齐市	0.12	0.13	0.13	0.15	0.16	0.22	0.22
潮州市	0.10	0.10	0.10	0.06	0.12	0.11	0.22
遵义市	0.05	0.06	0.06	0.15	0.17	0.21	0.21
漳州市	0.08	0.08	0.06	0.08	0.08	0.15	0.21
邢台市	0.00	0.10	0.12	0.12	0.10	0.03	0.21
济南市	−0.01	−0.01	0.00	0.15	0.16	0.18	0.20
株洲市	0.12	0.15	0.17	0.17	−0.03	0.21	0.20
六盘水市	−0.02	−0.03	−0.11	−0.01	−0.06	0.12	0.19
湖州市	0.00	0.00	0.00	0.00	0.15	0.15	0.19
廊坊市	0.00	−0.01	−0.01	0.01	0.01	0.07	0.19
东营市	−0.01	0.15	0.15	0.15	0.17	0.19	0.19
清远市	0.06	0.07	0.07	0.09	0.11	0.12	0.19
海口市	0.15	−0.01	0.14	0.14	0.15	0.18	0.19
兰州市	−0.19	0.00	−0.01	0.08	0.06	−0.02	0.18
台州市	0.00	0.00	0.00	0.00	0.00	0.10	0.18
长沙市	0.11	0.11	0.11	0.06	0.11	0.17	0.18
沈阳市	0.00	0.00	0.00	0.00	0.12	0.15	0.18
张家口市	0.00	0.04	0.05	0.05	0.05	0.12	0.17
许昌市	0.00	−0.01	0.05	0.05	0.18	0.17	0.17
梅州市	0.01	0.00	−0.01	0.00	0.00	−0.02	0.17

续 表

地　区	2005年	2006年	2007年	2008年	2009年	2010年	2011年
榆林市	0.00	0.00	0.10	0.05	0.39	0.00	0.17
嘉峪关市	0.06	0.09	0.12	0.11	0.01	0.01	0.16
洛阳市	0.00	−0.01	0.04	−0.01	0.07	0.09	0.16
潍坊市	0.00	−0.01	−0.05	−0.14	0.08	0.00	0.16
乌兰察布市	0.35	0.00	−0.01	0.20	0.00	0.00	0.15
石家庄市	−0.02	−0.02	−0.01	−0.01	0.01	0.00	0.15
大连市	−0.01	0.14	0.11	0.10	0.09	0.09	0.15
百色市	0.00	0.00	0.00	0.11	0.17	0.10	0.15
绵阳市	−0.01	−0.01	0.03	0.09	0.09	0.06	0.15
镇江市	0.09	0.00	0.00	0.00	0.00	0.13	0.14
盘锦市	0.00	−0.01	−0.01	−0.01	0.04	0.05	0.13
金华市	0.00	0.00	0.00	0.00	0.04	0.09	0.13
西安市	0.15	0.15	0.14	0.14	0.13	0.13	0.13
衡阳市	−0.06	−0.03	−0.05	−0.06	−0.06	0.07	0.13
攀枝花市	0.07	0.09	0.08	0.06	0.07	0.09	0.12
宜昌市	0.00	0.07	0.07	0.18	0.07	0.00	0.12
吕梁市	−0.01	−0.04	−0.08	−0.09	0.10	−0.08	0.12
湘潭市	0.00	0.08	−0.06	−0.15	−0.05	0.04	0.12
南昌市	−0.03	−0.15	0.09	−0.16	−0.05	0.15	0.12
郴州市	0.12	0.12	0.12	0.15	0.11	0.07	0.12
本溪市	0.04	0.00	0.05	0.00	0.07	0.01	0.12

续 表

地 区	2005年	2006年	2007年	2008年	2009年	2010年	2011年
营口市	-0.04	0.00	0.00	-0.01	-0.18	-0.01	0.12
延安市	-0.01	-0.04	-0.05	-0.08	-0.09	0.03	0.12
四平市	-0.16	-0.08	-0.03	0.11	0.13	0.17	0.12
临汾市	-0.04	-0.04	-0.06	-0.08	-0.09	0.02	0.12
韶关市	-0.02	-0.02	-0.04	-0.02	-0.02	0.02	0.11
北海市	0.09	-0.01	0.00	0.33	-0.11	0.16	0.11
泰安市	0.00	-0.01	0.00	0.00	0.07	0.08	0.11
大同市	0.08	0.07	0.05	0.04	0.03	0.01	0.11
赣州市	-0.10	-0.05	-0.06	-0.14	-0.06	0.05	0.11
达州市	0.10	0.10	0.08	0.07	0.02	0.07	0.10
沧州市	-0.01	0.00	0.12	0.13	0.11	0.13	0.09
连云港市	0.12	-0.01	0.00	-0.06	-0.04	0.09	0.09
秦皇岛市	-0.01	-0.01	-0.02	0.12	0.27	0.13	0.09
三门峡市	0.00	0.00	0.07	0.00	0.09	0.09	0.09
岳阳市	0.03	0.05	0.28	0.26	0.24	0.23	0.08
承德市	0.00	-0.01	-0.06	-0.03	-0.04	0.01	0.08
景德镇市	0.05	0.01	0.00	0.03	0.08	0.00	0.08
牡丹江市	0.00	0.01	0.01	0.05	0.04	0.05	0.08
衡水市	-0.01	-0.01	-0.08	0.36	0.30	-0.06	0.08
德阳市	0.00	0.00	0.02	0.02	0.03	0.07	0.08
邵阳市	0.00	0.05	0.05	0.16	0.04	0.05	0.07

续 表

地 区	2005 年	2006 年	2007 年	2008 年	2009 年	2010 年	2011 年
吉安市	0.06	−0.01	−0.96	−0.96	0.03	0.02	0.07
双鸭山市	0.00	0.00	0.00	0.01	0.00	0.00	0.07
马鞍山市	−0.01	−0.01	−0.01	−0.01	0.00	0.00	0.07
南通市	0.20	−0.01	0.00	0.00	0.00	0.08	0.07
黄石市	0.01	0.00	0.12	0.22	0.12	0.09	0.07
临沂市	−0.02	−0.08	−0.02	−0.03	0.04	−0.04	0.07
三亚市	0.00	−0.01	−0.15	−0.16	−0.15	−0.15	0.07
保定市	−0.01	−0.02	−0.03	−0.03	−0.01	0.05	0.07
晋中市	0.00	−0.02	−0.03	−0.05	−0.06	−0.06	0.07
邯郸市	−0.01	0.00	−0.02	−0.08	−0.11	−0.05	0.07
滨州市	0.00	0.00	0.00	0.15	0.06	0.06	0.06
七台河市	−0.10	−0.01	0.00	0.00	0.63	−0.02	0.06
泰州市	0.01	−0.01	0.00	−0.11	−0.01	0.02	0.06
酒泉市	0.01	0.00	0.00	0.00	0.00	0.00	0.06
滁州市	0.00	−0.01	0.07	0.00	0.00	0.00	0.06
娄底市	−0.01	0.01	0.03	0.04	0.07	0.07	0.06
合肥市	−0.03	−0.05	−0.04	−0.01	0.27	0.00	0.06
曲靖市	0.24	0.24	0.23	0.22	0.22	0.24	0.06
揭阳市	0.06	0.03	0.04	0.02	0.02	0.02	0.05
长治市	0.00	0.00	−1.04	−0.02	0.07	0.05	0.05
乐山市	0.03	0.03	0.02	0.18	0.03	0.05	0.05

续 表

地 区	2005年	2006年	2007年	2008年	2009年	2010年	2011年
辽源市	−0.08	0.00	0.00	0.00	0.00	0.00	0.05
安阳市	0.00	−0.01	−0.02	0.00	0.12	0.08	0.05
河池市	0.00	−0.01	−0.01	0.21	0.20	−0.02	0.05
扬州市	0.11	0.00	−0.01	−0.02	0.00	0.12	0.05
九江市	0.00	−0.01	0.64	0.00	−0.02	0.12	0.04
咸阳市	0.00	−0.01	−0.01	−0.01	0.03	0.02	0.04
荆州市	0.08	0.00	−0.01	−0.03	0.05	0.02	0.04
济宁市	0.00	−0.01	0.00	0.00	−0.08	0.04	0.04
石嘴山市	0.01	0.15	0.05	0.00	0.00	0.04	0.04
阳泉市	0.04	0.02	0.01	0.06	−0.01	−0.04	0.04
湛江市	0.29	−0.03	−0.03	0.15	−0.03	−0.03	0.04
上饶市	−0.01	−0.08	−0.09	0.00	−0.10	0.05	0.04
开封市	0.00	0.00	0.07	0.00	0.08	0.07	0.04
桂林市	−0.01	−0.01	−0.01	0.00	0.05	0.21	0.03
广元市	0.04	−0.03	0.13	−0.05	−0.04	−0.04	0.03
庆阳市	0.00	0.00	−0.01	0.00	−0.02	0.05	0.03
呼和浩特市	0.29	0.28	0.27	0.26	0.28	0.26	0.03
云浮市	−0.03	−0.03	−0.03	−0.03	−0.03	−0.04	0.03
抚顺市	0.00	0.00	0.00	0.00	0.00	0.17	0.03
保山市	−4.88	−4.88	−4.00	−4.26	−4.26	−3.55	0.03
宜宾市	0.04	0.04	0.00	0.02	0.02	0.01	0.03

续 表

地 区	2005年	2006年	2007年	2008年	2009年	2010年	2011年
忻州市	-0.03	0.00	0.00	0.00	0.01	0.03	0.03
玉林市	0.00	-0.01	-0.01	0.19	0.09	0.06	0.03
莱芜市	0.00	0.00	0.01	0.01	0.01	0.02	0.03
雅安市	-0.01	-0.01	0.10	-0.01	0.00	0.00	0.02
汕头市	0.01	0.00	0.00	-0.01	0.00	-0.02	0.02
鹤壁市	0.00	0.00	0.04	-0.01	-0.06	-0.02	0.02
新乡市	0.00	-0.02	0.03	0.00	0.00	0.02	0.02
焦作市	0.00	0.00	0.05	0.00	0.07	0.05	0.02
白银市	0.00	0.00	-0.01	0.00	-0.04	0.00	0.02
黄冈市	-0.05	0.00	0.07	0.11	-0.08	0.15	0.02
白山市	0.00	0.00	0.00	0.00	0.00	0.01	0.01
茂名市	-0.05	-0.08	-0.10	0.14	-0.05	-0.09	0.01
威海市	0.00	-0.01	-0.01	-0.01	-0.02	0.00	0.01
常德市	0.06	0.06	0.06	-0.06	-0.06	0.00	0.01
辽阳市	0.28	0.26	0.00	0.00	0.00	-0.05	0.01
陇南市	-0.01	0.00	0.00	0.00	0.16	0.00	0.01
宝鸡市	0.44	0.43	0.37	-0.01	-0.01	0.07	0.01
葫芦岛市	0.05	-0.16	0.00	-0.01	-0.02	0.13	0.00
鸡西市	0.07	0.00	-0.02	0.00	0.05	0.00	0.00
朝阳市	0.11	0.12	-0.11	-0.10	-0.04	0.00	0.00
吉林市	0.04	0.00	-0.01	0.00	-0.01	0.00	0.00

续表

地　区	2005 年	2006 年	2007 年	2008 年	2009 年	2010 年	2011 年
佳木斯市	0.00	0.00	−0.01	0.00	0.01	0.00	0.00
蚌埠市	−0.01	−0.01	0.01	0.00	0.00	0.00	0.00
通化市	0.00	0.00	0.00	0.00	0.00	0.00	0.00
安庆市	0.00	0.00	0.00	0.00	0.00	0.00	0.00
哈尔滨市	−0.01	−0.01	0.00	0.00	0.00	0.00	0.00
亳州市	0.20	0.18	0.14	0.22	−0.08	0.06	0.00
鹤岗市	0.00	0.00	0.00	0.00	0.00	0.00	0.00
唐山市	0.00	0.00	0.00	0.02	0.00	0.00	0.00
丹东市	0.01	0.00	0.28	0.26	−0.01	0.03	0.00
铁岭市	0.00	0.00	0.00	0.07	0.00	0.31	0.00
芜湖市	−0.01	−0.01	0.00	0.00	0.00	0.00	0.00
淮南市	0.00	0.00	−0.06	0.00	−0.09	−0.03	0.00
黄山市	0.00	−0.01	−0.01	0.00	−0.08	0.00	0.00
烟台市	0.01	−0.01	0.00	0.00	0.00	0.00	0.00
乌海市	0.07	0.07	−0.01	−0.01	0.01	−0.04	0.00
运城市	−0.01	−0.02	0.04	−0.04	−0.03	0.01	0.00
绍兴市	0.00	0.00	0.00	0.00	0.00	0.00	0.00
呼伦贝尔市	0.00	−0.01	−0.01	−0.03	−0.01	0.00	0.00
长春市	−0.03	−0.06	−0.03	0.08	0.00	0.00	0.00
宣城市	−0.33	−0.32	−0.32	−0.35	−0.30	−0.30	0.00
玉溪市	0.48	0.46	0.48	0.48	0.48	0.38	0.00

续 表

地 区	2005年	2006年	2007年	2008年	2009年	2010年	2011年
青岛市	0.00	0.02	−0.01	0.00	0.00	0.00	0.00
衢州市	0.00	0.00	−0.03	0.00	0.00	−0.01	0.00
金昌市	0.00	0.00	−0.01	0.00	0.00	0.06	0.00
赤峰市	0.01	−0.01	−0.02	−0.01	0.00	−0.01	0.00
通辽市	−0.09	−0.09	−0.10	−0.11	−0.02	0.00	0.00
南宁市	−0.01	−0.01	−0.01	0.00	−0.01	0.00	0.00
萍乡市	0.02	0.00	−0.01	−0.01	−0.35	−0.27	0.00
南充市	−0.01	0.00	0.00	0.01	0.01	0.01	0.00
淮北市	−0.01	−0.02	0.00	0.00	0.00	0.00	0.00
吴忠市	−0.06	−0.01	0.13	−0.01	−0.01	0.00	0.00
舟山市	0.00	0.01	0.00	0.00	0.00	0.00	0.00
池州市	0.60	0.56	0.57	0.57	0.58	0.55	0.00
宿州市	0.00	−0.01	−0.01	−0.01	−0.01	0.14	−0.01
西宁市	−0.01	−0.01	0.00	0.00	−0.01	0.11	−0.01
伊春市	0.00	0.02	0.00	0.00	0.00	0.07	−0.01
大庆市	0.00	−0.01	−0.01	−0.10	−0.01	−0.01	−0.01
聊城市	−0.01	−0.01	0.00	0.00	−0.14	−0.10	−0.01
白城市	−0.02	0.00	0.00	0.01	0.00	0.00	−0.01
温州市	−0.01	−0.01	−0.01	−0.01	−0.01	0.00	−0.01
松原市	0.00	−0.01	−0.01	−0.03	0.30	0.26	−0.01
阜阳市	−0.01	−0.01	0.00	−0.01	−0.01	−0.01	−0.01

续 表

地区	2005年	2006年	2007年	2008年	2009年	2010年	2011年
平顶山市	0.00	−0.01	0.06	−0.01	−0.11	−0.06	−0.01
阳江市	−0.01	−0.02	−0.01	−0.02	−0.02	0.01	−0.01
中卫市	0.00	0.06	−0.15	0.01	0.03	−0.01	−0.01
鞍山市	0.00	−0.09	0.00	0.00	0.00	0.04	−0.01
武威市	0.03	0.00	−0.01	−0.03	−0.03	0.14	−0.02
周口市	0.00	−0.08	0.04	−0.01	−0.10	−0.09	−0.02
张掖市	−0.02	0.00	−0.03	−0.03	−0.03	−0.03	−0.02
日照市	0.01	0.00	0.00	0.00	0.00	−0.01	−0.02
新余市	0.01	0.02	0.02	0.00	−0.10	−0.05	−0.02
铜川市	−0.06	−0.02	0.04	−0.10	−0.01	−0.02	−0.02
重庆市	0.01	−0.04	−0.04	−0.03	−0.01	0.06	−0.02
淄博市	0.00	0.00	0.00	0.00	−0.04	0.00	−0.02
枣庄市	−0.03	−0.05	−0.04	−0.04	−0.05	−0.05	−0.02
盐城市	0.03	0.00	−0.02	−0.01	0.00	−0.01	−0.02
宜春市	−0.02	0.00	−0.01	−0.01	0.00	0.00	−0.02
太原市	−0.01	−0.03	−0.05	−0.06	−0.08	−0.05	−0.03
梧州市	0.00	0.00	0.00	−0.01	0.00	−0.01	−0.03
贺州市	0.00	−0.01	−0.01	−0.02	−0.03	−0.10	−0.03
汕尾市	−0.03	0.00	−0.04	−0.05	−0.06	−0.09	−0.03
汉中市	0.00	0.00	0.00	0.01	−0.01	−0.01	−0.04
防城港市	−0.01	0.00	−0.01	−0.03	−0.04	−0.06	−0.04

续　表

地　区	2005 年	2006 年	2007 年	2008 年	2009 年	2010 年	2011 年
巴彦淖尔市	－0.01	－0.02	－0.03	－0.04	0.00	－0.05	－0.04
荆门市	0.13	0.00	0.00	－0.15	－0.19	－0.09	－0.04
鄂州市	0.01	－0.03	－0.04	－0.03	－0.04	－0.04	－0.04
齐齐哈尔市	0.30	－0.01	0.00	0.00	－0.04	－0.04	－0.04
商洛市	－0.01	0.00	0.07	0.00	0.00	0.00	－0.04
宁德市	0.01	－0.02	－0.02	－0.04	－0.02	－0.04	－0.04
濮阳市	0.00	－0.08	0.00	－0.01	－0.20	－0.12	－0.04
眉山市	－0.08	－0.09	－0.10	－0.14	－0.11	－0.08	－0.05
孝感市	－0.06	－0.04	0.06	－0.06	－0.12	－0.05	－0.05
南阳市	0.00	－0.01	－0.04	－0.01	－0.05	－0.05	－0.05
平凉市	0.07	0.00	－0.02	0.00	0.00	－0.04	－0.05
襄樊市	0.00	0.00	－0.03	－0.01	0.00	－0.02	－0.05
张家界市	－0.05	－0.04	－0.05	－0.10	－0.09	－0.04	－0.05
南平市	0.03	0.03	0.03	0.02	0.02	－0.02	－0.06
鹰潭市	0.00	－0.11	－0.02	－0.01	－0.11	－0.12	－0.06
抚州市	0.00	0.00	0.00	0.00	－0.03	－0.06	－0.06
淮安市	－0.03	－0.01	0.00	0.00	0.01	－0.05	－0.06
随州市	0.00	－0.10	－0.15	－0.15	0.00	－0.05	－0.06
昭通市	－2.03	－2.13	－2.13	－2.13	－2.13	－2.03	－0.06
泸州市	－0.06	－0.06	－0.06	－0.05	－0.04	－0.09	－0.08
益阳市	－0.11	－0.11	－0.11	－0.11	－0.11	－0.11	－0.08

续 表

地 区	2005 年	2006 年	2007 年	2008 年	2009 年	2010 年	2011 年
漯河市	0.00	−0.01	0.07	−0.01	−0.09	−0.10	−0.09
天水市	0.00	0.00	−0.03	−0.04	−0.05	−0.08	−0.09
驻马店市	0.00	−0.01	0.05	−0.01	0.03	0.10	−0.10
固原市	0.00	−0.01	−0.01	0.00	0.00	−0.01	−0.10
莆田市	−0.06	−0.06	−0.06	−0.05	−0.09	−0.10	−0.11
定西市	0.04	0.00	−0.01	−0.02	0.01	0.11	−0.11
宿迁市	0.00	0.00	0.00	0.00	0.00	−0.11	−0.12
自贡市	−0.08	−0.06	−0.08	−0.08	−0.03	−0.06	−0.12
菏泽市	−0.01	−0.02	−0.02	0.00	−0.04	−0.10	−0.14
内江市	0.00	0.00	−0.08	−0.10	−0.04	−0.08	−0.14
商丘市	0.00	−0.01	0.02	−0.01	−0.14	−0.16	−0.14
永州市	−0.05	−0.08	−0.08	−0.09	−0.09	−0.20	−0.14
安顺市	0.04	0.03	0.02	−0.03	−0.03	−0.10	−0.15
贵港市	0.00	−0.01	−0.01	−0.01	−0.15	−0.12	−0.16
渭南市	0.00	−0.05	−0.03	−0.10	−0.05	−0.28	−0.16
阜新市	0.00	0.00	0.00	0.08	0.00	−0.01	−0.16
安康市	0.00	−0.09	−0.11	−0.12	−0.12	−0.16	−0.16
崇左市	−0.01	0.00	0.00	0.01	0.00	−0.08	−0.16
遂宁市	−0.03	−0.02	−0.04	−0.04	−0.47	−0.10	−0.16
锦州市	0.00	0.00	−0.02	−0.01	0.14	−0.04	−0.18
来宾市	−0.01	0.00	0.00	−0.06	−0.06	−0.14	−0.19

续　表

地　区	2005 年	2006 年	2007 年	2008 年	2009 年	2010 年	2011 年
咸宁市	0.07	－0.01	0.04	－0.10	0.02	－0.16	－0.19
信阳市	0.00	－0.01	0.04	－0.01	－0.14	－0.18	－0.20
资阳市	－0.12	－0.14	－0.15	－0.15	－0.16	－0.19	－0.22
巴中市	－0.20	－0.19	－0.20	－0.28	－0.28	－0.14	－0.22
郑州市	0.00	－0.01	0.07	－0.01	0.15	－0.33	－0.22
广安市	－0.22	－0.19	－0.19	－0.19	－0.20	－0.32	－0.47
绥化市	0.14	0.00	－0.19	－0.09	－0.89	－0.64	－0.64
徐州市	0.10	0.00	0.00	0.00	0.00	－0.67	－0.67
朔州市	0.00	－0.01	0.09	－1.56	－1.00	－1.38	－1.44

参考文献

[1] Alesina, A. and Perotti, R. "Income Distribution, Political Instability, and Investment", European Economic Review, vol. 40 (6), 1996, p. 1203—1228.

[2] Bertinelli, L., & Black, D. "Urbanization and growth", Journal of Urban Economics, vol. 56(1), 2004, pp. 80—96.

[3] Black, D. and Henderson, V. "A Theory of Urban Growth", Journal of Political Economy, vol. 107(2), 1999, pp. 252—284.

[4] Buchanan, J. M. "An Economic Theory of Clubs", Economica, vol. 32 (125), 1965, pp. 1—14.

[5] Eaton, J., & Eckstein, Z. "Cities and growth: Theory and evidence from France and Japan", Regional Science and Urban Economics, vol. 27 (4~5), 1997, pp. 443—474.

[6] Fan, C. S., & Stark, O. "Rural-to-urban migration, human capital, and agglomeration", Journal of Economic Behavior & Organization, vol. 68(1), 2008, pp. 234—247.

[7] Kaldor, N. "A Model of Economic Growth", The Economic Journal, vol. 67(268), 1957, pp. 591—624.

[8] Krugman, P. "Increasing Returns and Economic Geography", Journal of

Political Economy, vol. 99(3), pp. 483—499.

[9] Lewis, W. A. "Economic Development with Unlimited Supplies of Labour", The Manchester School, No. 22, 1958, pp. 139—191.

[10] Lucas, R. E. "On the mechanics of economic development", Journal of Monetary Economics, vol. 22(1), 1988, pp. 3—42.

[11] Lucas, R. E. "Life Earnings and Rural - Urban Migration", Journal of Political Economy, No. 112(S1), 2004, pp. 29—59.

[12] Meng, Xin and Junsen Zhang. "The Two-Tier Labor Market in Urban China: Occupational Segregation and Wage Differentials between Urban Residents and Rural Migrants in Shanghai", Journal of Comparative Economics, vol. 29(3), 2001, pp. 485—504.

[13] Murphy, K. M, Shleifer, A. and Vishny, R. "Income Distribution, Market Size, and Industrialization", The Quarterly Journal of Economics, vol. 104(3), 1989, pp. 537—564.

[14] Pasinetti, L. L. "Rate of profit and income distribution in relation to the rate of economic growth", The Review of Economic Studies, vol. 29(4), 1962, pp. 267—279.

[15] Perotti, R. "Growth, income distribution, and democracy: What the data say", Journal of Economic Growth, 1996, Vol.1 (2), pp. 149—187.

[16] Rauch, J. E. "Productivity Gains from Geographic Concentration of Human Capital: Evidence from the Cities", Journal of Urban Economics, vol. 34(3), pp. 380—400.

[17] Schultz, T. W. "Reflections on Investment in Man", Journal of Political Economy, vol. 70(5), 1962. pp. 1—8.

[18] Wang Feng, Xuejin Zuo and Danching Ruan, "Rural Migrants in Shanghai: Living Under the Shadow of Socialism", International Migration Review, vol. 36, No. 2, 2002, pp. 520—545.

[19] Zhu, Y. "China's ? oating population and their settlement intention in

the cities: Beyond the Hukou reform", Habitat International, vol. 31 (1), 2007, pp. 65—76.

[20] 蔡昉、都阳、王美艳：《户籍制度与劳动力市场保护》，《经济研究》2001 年第 12 期，第 41—49 页。

[21] 蔡昉：《中国经济增长如何转向全要素生产率驱动型》，《中国社会科学》2013 年第 1 期，第 56—71 页。

[22] 蔡禾、王进：《"农民工"永久迁移意愿研究》，《社会学研究》2007 年第 6 期，第 86—113 页。

[23] 陈安平：《收入差距、投资与经济增长的面板协整研究》，《经济评论》2009 年第 1 期，第 34—41 页。

[24] 陈娟：《城市化进程中农工两栖人身份转换的困境与对策——基于户籍制度改革的视角》，《安徽大学学报》（哲学社会科学版）2013 年第 3 期，第 129—135 页。

[25] 陈少克：《市场化进程中户籍改革的制度经济学分析——以 2001—2005 年郑州户籍改革为例》，《湖北第二师范学院学报》2008 年第 10 期，第 78—81 页。

[26] 陈维涛、彭小敏：《户籍制度、就业机会与中国城乡居民收入差距》，《经济经纬》2012 年第 2 期，第 100—104 页。

[27] 陈霄：《户籍制度改革与土地资本化——基于重庆案例的分析》，《财经科学》2013 年第 5 期，第 77—84 页。

[28] 陈学法：《二元结构变迁中的户籍制度与土地制度变革》，《宏观经济研究》2009 年第 12 期，第 51—54 页。

[29] 陈钊、陆铭、佐藤宏：《谁进入了高收入行业？——关系、户籍与生产率的作用》，《经济研究》2009 年第 10 期，第 121—132 页。

[30] 程红根、任力波、黄会清：《户籍制度改革期待回归本位》，《中国改革报》2007 年 2 月 2 日，第 8 版。

[31] 程蹊、尹宁波：《农民工就业歧视的政治经济学分析》，《农村经济》2004 年第 2 期，第 20—23 页。

[32] 楚德江：《就业地落户：我国户籍制度改革的现实选择》，《中国行政管

理》2013 第 3 期，第 40—43 页。

[33] 邓海峰、王希扬：《户籍制度对土地承包经营权流转的制约与完善》，《中国人口资源与环境》2010 年第 7 期，第 97—101 页。

[34] 邓可斌、丁菊红：《户籍管制、经济增长与地区差距》，《制度经济学研究》2010 年第 01 期，第 44—67 页。

[35] 邓曲恒：《城镇居民与流动人口的收入差异——基于 Oaxaca-Blinder 和 Quantile 方法的分解》，《中国人口科学》第 2 期，第 8—16 页。

[36] 丁菊红、邓可斌：《财政分权、软公共品供给与户籍歧视》，《中国人口科学》第 4 期，第 44—52 页。

[37] 方创琳等：《2012 中国城市群发展报告》，科学出版社，2011 年版。

[38] 付文林：《人口流动的结构性障碍：基于公共支出竞争的经验分析》，《世界经济》2007 年第 12 期，第 32—40 页。

[39] 国家统计局：《2012 年全国农民工监测调查报告》，http：//www.stats.gov.cn/tjsj/zxfb/201305/t20130527_12978.html

[40] 国务院发展研究中心课题组：《农民工市民化对扩大内需和经济增长的影响》，《经济研究》2010 年第 6 期，第 4—16 页。

[41] 何伟：《小城镇户籍改革》，《人民日报》2001 年 9 月 17 日，第 2 版。

[42] 何英华：《户籍制度松紧程度的一个衡量》，《经济学》（季刊）2004 年第 S1 期，第 99—124 页。

[43] 侯大伟：《成都农民租房也可入户城镇》，新华网，2008 年 4 月 11 日。

[44] 侯风云：《中国城镇人力资本收益率研究》，《山东大学学报》（哲学社会科学版）2005 年第 2 期，第 109—119 页。

[45] 侯红娅、杨晶、李子奈：《中国农村劳动力迁移意愿实证分析》，《经济问题》2004 年第 7 期，第 52—54 页。

[46] 金成武：《城镇劳动力市场上不同户籍就业人口的收入差异》，《中国人口科学》2009 年第 4 期，第 32—41 页。

[47] 李刚：《积分入户，珠三角城门开多大》，中国共产党新闻网，2013 年 10 月 11 日。

[48] 李健英：《户籍制度在转轨时期的特点及其路径依赖》，《华南师范大学

学报》（社会科学版）2005 年第 6 期，第 21—27 页。

[49] 李南玲：《深圳从今年 6 月 1 日起办理暂住证将实施新规定》，中新网，2002 年 5 月 23 日。

[50] 李培林、李炜：《农民工在中国转型中的经济地位和社会态度》，《社会学研究》2007 年第 3 期，第 1—17 页。

[51] 李芹、刘万顺：《农民工就业歧视的制度排斥及非制度排斥》，《城市问题》2009 年第 2 期，第 56—61 页。

[52] 李涛、任远：《城市户籍制度改革与流动人口社会融合》，《南方人口》2011 年第 3 期，第 17—24 页。

[53] 刘传江、董延芳：《异质人力资本流动与区域经济发展——以上海市为例》，《中国人口科学》2007 年第 4 期，第 50—57 页。

[54] 刘惯超：《论户籍制度改革的方向、关键和步骤》，《经济体制改革》2010 年第 6 期，第 21—24 页。

[55] 刘培荣、周天勇：《户籍制度改革与中小城市发展》，《宏观经济管理》2013 年第 8 期，第 44 页。

[56] 刘生龙：《收入不平等对经济增长的倒 U 型影响：理论和实证》，《财经研究》2009 年第 2 期，第 4—15 页。

[57] 刘毅：《城镇就业机会：城乡、地域多重户籍属性的分隔》，《学术研究》2012 年第（3）期，第 60—66 页。

[58] 刘永亮：《中国城市规模经济的动态分析》，《经济学动态》2009 年第 7 期，第 69—73 页。

[59] 陆铭、陈钊：《为什么土地和户籍制度需要联动改革——基于中国城市和区域发展的理论和实证研究》，《学术月刊》2009 年第 9 期，第 78—84 页。

[60] 陆铭、陈钊、万广华：《因患寡，而患不均——中国的收入差距、投资、教育和增长的相互影响》，《经济研究》2005 年第 12 期，第 4—14 页。

[61] 陆铭、高虹、佐藤宏：《城市规模与包容性就业》，《中国社会科学》2012 年第 10 期，第 47—66 页。

[62] 陆益龙：《户籍制度——控制与社会差别》，商务印书馆 2003 年版。

[63] 陆益龙：《户口一元化改革：问题与对策——对四省市试点改革经验的调查》，《江海学刊》2009 年第 1 期，第 130—136 页。

[64] 彭希哲、赵德余、郭秀云：《户籍制度改革的政治经济学思考》，《复旦学报》（社会科学版）2009 年第 3 期，第 1—11 页。

[65] 牛凤瑞：《城市学概论》，中国社会科学出版社，2008 年版。

[66] 钱文荣、卢海阳：《农民工人力资本与工资关系的性别差异及户籍地差异》，《中国农村经济》2012 年第 8 期，第 16—27 页。

[67] 沈凌、田国强：《贫富差别、城市化与经济增长——一个基于需求因素的经济学分析》，《经济研究》2009 年第 1 期，第 17—29 页。

[68] 是冬冬：《广东积分入户两年：门槛重重，中山市指标连续两年没用光》，《东方早报》2012 年 3 月 28 日，第 A32 版。

[69] 陶然、刘凯：《中国户籍制度改革的突破口》，《人口与发展》2009 年第 6 期，第 41—45 页。

[70] 陶然、徐志刚：《城市化、农地制度与迁移人口社会保障——一个转轨中发展的大国视角与政策选择》，《经济研究》2005 年第 12 期，第 45—56 页。

[71] 陶然等：《"刘易斯转折点悖论"与中国户籍-土地-财税制度联动改革》，《国际经济评论》2011 年第 3 期，第 120—147 页。

[72] 汪立鑫、王彬彬、黄文佳：《中国城市政府户籍限制政策的一个解释模型：增长与民生的权衡》，《经济研究》2010 年第 11 期，第 115—126 页。

[73] 王列军：《户籍制度改革的经验教训和下一步改革的总体思路》，《江苏社会科学》2010 年第 2 期，第 59—65 页。

[74] 王美艳：《城市劳动力市场上的就业机会与工资差异——外来劳动力就业与报酬研究》，《中国社会科学》2005 年第 5 期，第 36—45 页。

[75] 王美艳、蔡昉：《户籍制度改革的历程与展望》，《广东社会科学》2008 年第 6 期，第 19—26 页。

[76] 王平：《制度约束与中国城市规模研究》，浙江大学博士学位论文，2012 年，第 130 页。

[77] 王清：《地方财政视角下的制度变迁路径分析——以当代中国城市户籍

制度为例》,《武汉大学学报》(哲学社会科学版) 2011 年第 3 期,第 90—97 页。

[78] 王少平、欧阳志刚:《中国城乡收入差距对实际经济增长的阈值效应》,《中国社会科学》2008 年第 2 期,第 54—66 页。

[79] 王文录:《人口城镇化背景下的户籍制度变迁——石家庄市户籍制度改革案例分析》,《人口研究》2003 年第 6 期,第 8—13 页。

[80] 王文录、郁利燕:《走向一元化:我国户籍制度深化改革构想》,《城市发展研究》2010 年第 8 期,第 94—98 页。

[81] 王小鲁、夏小林:《优化城市规模 推动经济增长》,《经济研究》1999 年第 9 期,第 22—29 页。

[82] 王小鲁:《中国城市化路径与城市规模的经济学分析》,《经济研究》2010 年第 10 期,第 20—32 页。

[83] 王阳:《破除城镇化进程中人口自由流动的制度障碍——对典型城市户籍制度改革实践的比较与启示》,《劳动经济评论》2013 年第 6 卷,第 57—71 页。

[84] 王业强:《倒"U"型城市规模效率曲线及其政策含义——基于中国地级以上城市经济、社会和环境效率的比较研究》,《财贸经济》2012 年第 11 期,第 127—136 页。

[85] 魏后凯:《加快户籍制度改革的思路和措施》,《中国发展观察》2013 年第 3 期,第 15—17 页。

[86] 魏万青:《户籍制度改革对流动人口收入的影响研究》,《社会学研究》2012 年第 1 期,第 152—173 页。

[87] 翁仁木:《对我国户籍制度变迁的经济学思考》,《宁夏社会科学》2005 年第 3 期,第 43—47 页。

[88] 夏纪军:《人口流动性、公共收入与支出——户籍制度变迁动因分析》,《经济研究》2004 年第 10 期,第 56—65 页。

[89] 夏茂森、朱宪辰、江玲玲:《中国财政分权、户籍制度与区域经济增长——基于动态面板数据分析》,《生产力研究》2012 年第 1 期,第 50—52 页。

[90] 项本武、张鸿武、王珅：《人力资本积累对城市规模扩张的影响——基于中国地级及以上城市面板数据的实证检验》，《中南财经政法大学学报》2012年第6期，第15—20页。

[91] 谢嗣胜、姚先国：《农民工工资歧视的计量分析》，《中国农村经济》2006年第4期，第49—55页。

[92] 徐增阳、陈玉华、吴小艳：《户籍制度改革与农村土地制度的变革》，《调研世界》2007年第1期，第17—21页。

[93] 许冰、章上峰：《经济增长与收入分配不平等的倒U型多拐点测度研究》，《数量经济技术经济研究》2010年第2期，第54—64页。

[94] 姚先国、赖普清：《中国劳资关系的城乡户籍差异》，《经济研究》2004年第7期，第82—90页。

[95] 姚先国、张海峰：《中国教育回报率估计及其城乡差异分析——以浙江、广东、湖南、安徽等省的调查数据为基础》，《财经论丛》2004年第6期，第1—7页。

[96] 叶建亮：《公共产品歧视性分配政策与城市人口控制》，《经济研究》2006年第11期，第27—36页。

[97] 尹恒、龚六堂、邹恒甫：《收入分配不平等与经济增长：回到库兹涅茨假说》，《经济研究》2005年第4期，第17—22页。

[98] 余佳、丁金宏：《中国户籍制度的政策效应、改革取向与步骤选择》，《华东师范大学学报》（哲学社会科学版）2010年第4期，第65—70页。

[99] 袁文倩：《户籍制度与农村剩余劳动力转移》，《西北大学学报》（哲学社会科学版）2005年第5期，第146—149页。

[100] 臧磊、杨山、周蕾：《户籍制度视角下的江苏省人口时空格局响应》，《热带地理》2013年第4期，第450—458页。

[101] 张春泥：《农民工为何频繁变换工作 户籍制度下农民工的工作流动研究》，《社会》2011年第6期，第153—177页。

[102] 张良悦：《户籍对价、劳动力迁移与土地流转》，《财经科学》2011年第1期，第117—124页。

[103] 张兴祥：《我国城乡教育回报率差异研究——基于CHIP2002数据的实

证分析》,《厦门大学学报》(哲学社会科学版)2012年第6期,第118—125页。

[104] 张翼:《农民工"进城落户"意愿与中国近期城镇化道路的选择》,《中国人口科学》2011年第2期,第14—26页。

[105] 张应武:《基于经济增长视角的中国最优城市规模实证研究》,《上海经济研究》2009年第5期,第31—38页。

[106] 张智勇:《户籍制度:农民工就业歧视形成之根源》,《农村经济》2005年第4期,第123—127页。

[107] 章元、王昊:《城市劳动力市场上的户籍歧视与地域歧视:基于人口普查数据的研究》,《管理世界》2011年第7期,第42—51页。

[108] 赵耀:《对当前我国农民工就业歧视行为的分析》,《复印报刊资料:农业经济导刊》2006年第8期,第98—102页。

[109] 周世军、周勤:《户籍制度、非农就业双重门槛与城乡户籍工资不平等——基于CHNS微观数据的实证研究》,《金融研究》2012年第9期,第101—115页。

[110] 周天勇:《中国城市化发展道路的选择》,《中共珠海市委党校珠海市行政学院学报》2010年第6期,第8—15页。

[111] 周一星、于海波:《中国城市人口规模结构的重构》(一),《城市规划》2004年第6期,第49—55页。

[112] 朱宇:《国外对非永久性迁移的研究及其对我国流动人口问题的启示》,《人口研究》2004年第3期,第52—59页。

[113] 朱宇:《户籍制度改革与流动人口在流入地的居留意愿及其制约机制》,《南方人口》2004年第3期,第21—28页。

[114] 邹一南、李爱民:《户籍管制、城市规模与城市发展》,《当代经济研究》2013年第9期,第53—60页。

后　记

　　我是作为经济学的门外汉进入城市与区域经济学领域的。在攻读博士学位之前，我一直学习国际关系。作为新兴学科，国际关系学的发展完善有赖于对其他学科的借鉴学习。在这个过程中，经济学作为学科样板被频繁提及，我也对经济学产生了愈来愈浓厚的兴趣。大学三年级的时候，研究区域经济学的杜黎明老师为我们开设了宏观经济学课程。杜老师对经济学和中国经济问题的评价给我留下了深刻印象，而杜老师对区域经济学的介绍则直接影响了我后来的专业选择。2009年夏天，我自学了高等数学和经济计量学，2011年夏天有幸考取中国著名区域经济学家魏后凯教授的博士研究生，开始在魏老师的思想熏陶下接受系统的城市和区域经济学训练。

　　由于专业基础薄弱，我不得不在抓紧时间"补课"的同时尽早思考博士论文的选题。2011年秋天，我与魏老师讨论博士论文选题时，魏老师提出了两个可研究的问题，其一是城市吸纳能力；其二为包容性增长。这两个问题都是新问题、大问题。当时考虑到自己知识储备不足，可能难以驾驭这样的题目，被迫放弃这两个选题方向。后来才发现，这两个问题其实都是根本性问题：当前人们探讨的城镇化质量、农民工市民化等热点问题等都与包容性增长和城市吸纳能力高度相关，且都属于这两个大问题中的小问题和具体问题。同样，现在的这篇拙作也未能脱离这两个主题。例如，本书中的户籍歧视属于城市包容性的一个方面，而城市经济增长则同时体现了城市人口吸纳能力和城市经济增长两个问题，因此本书实质上是在探讨包容性对城市经济增长的影响。

本书的写作过程凝结了恩师魏后凯教授的心血。论文选题一定是研究目标与研究能力相互妥协的结果。研究能力越弱，论文选题的范围就越狭窄。由于我的专业基础薄弱，魏老师为我的论文选题耗费许多精力。自博士入学以来，师生二人经多次讨论才最终确定了博士论文选题。写作过程也殊为不易。2013年春节过后，魏老师在他的家中与我讨论博士论文初稿，对论文各章逐次讨论，从中午一直进行到晚饭时分。接下来就是在紧张求职的同时深度修改论文。2014年四月中旬又找魏老师讨论论文，魏老师提议将理论部分的章节融合为一章，并深化一些具体概念的探讨。尽管全力修改论文，但受能力所限，论文质量与恩师的期待仍有一定差距。虽然论文即将定稿，但论文所述问题还未完全理清。学校学习即将结束，但求学之路仍远未结束。

本书的写作得益于恩师的教诲、师门同仁的点拨帮助和我的女朋友戎梅女士的陪伴激励。三年的时光短暂、紧张又充实。如果没有你们，这三年的生活将失去许多色彩，这三年的学习将增加许多困惑，这最后的求职过程将增加许多压抑和失望。由于你们的教诲、鼓励和陪伴，我的点滴成功都光彩熠熠，我的任何挫折都都变成美好的回忆！博士研究生的学习即将结束，但是这段宝贵时光留给我的厚重记忆会继续延伸，未来的日子，让我们继续同行。